新 保育者・小学校教員のための
わかりやすい音楽表現入門

石橋裕子・吉津晶子・西海聡子　編著

北大路書房

はじめに

　音楽を取り入れた表現活動は，保育・教育の場で欠くことのできない活動の一つです。しかし，音楽表現に苦手意識を持たれている方は少なくありません。理論が理解できない，歌声に自信がない，ピアノが弾けない，楽器の扱い方がわからないなど，さまざまな理由が考えられます。

　音楽の得手不得手は，それまでの「音楽歴」に比例します。つまり，幼少から音楽に慣れ親しめる環境にあった（習い事の経験があるなど音楽が身近な存在だった）か，そうでなかったかの差だといえましょう（この差はご自身の責任ではありませんが，どうすることもできない差です）。また，音楽をはじめとする実技系の教科（体育・図工など）は，理論面は理解できても実技面では思いどおりにできないなど，向き不向きが顕著に表われます。さらに，実技面では根気よく練習しなければ上達は望めませんので，多くの時間と忍耐力が必要となりますので，なかなか得意になりにくい教科であると考えます。

　この「苦手意識」が少しでも克服できるようにと書かれたのが本書です。

　第一部では，音楽理論（楽典ともいいます）をできるだけ平易なことばや図表を多く用いて解説した後，保育・教育の場で出合うことの多い楽器についてまとめました。

　どんなにすばらしい演奏技術をもっていても，理論が理解できていなければ（楽譜が読めなければ）音楽は楽しめません。とくに音符・休符は楽譜の基本事項です。視覚的にわかりやすくするために，それぞれの長さを棒状に示しました。また，こどものうたによく出てくる強弱記号，速度記号なども解説しました。今まで読み方や意味がわからず「無視」していた記号は，音楽を奏でる「信号機」の役割をもっています。一本調子ではなく曲想をつけて演奏し，できる限り覚えるように努力することが大切です。

　楽器については，扱い方や手入れの仕方，苦手意識をもたせない導入の仕方なども取り上げました。楽器は持ち方，打ち方，また打つ場所によって音色や音の大きさに変化がつきます。しかし，大きさや重さなどの違いにより，すべてのこどもたちがすべての楽器を扱えるわけではありません。基本事項を本書で確認された後ご自身で楽器を手に取り，どのような持ち方・打ち方をすればよい音が出るのか体験しましょう。そして，こどもの体や手の大きさなどを考慮した楽器の選び方を研究することが大切です。執筆担当者が，日頃保育・教育の場でこどもたちに伝える際に用いている声かけなども載せましたので，ぜひ参考になさってください。

第二部では，保育・教育の場で扱うことの多いこどものうたを取り上げ，一般的に弾かれることの多い楽譜を掲載しました。とくに，第3章では，従来の編曲よりも原曲の雰囲気を損ねず，かつ，ピアノ演奏の苦手な方でも少し練習すれば弾けるように，音の数を少なくする等の工夫がされています。さらに，心地よい響きのある和音を用いて編曲されているのも特徴の一つです。

　保育の場においては「元気に歌いましょう」が多いように感じます。こどもたちは「元気に」＝「大きな声」＝「怒鳴り声」と解釈することが少なくありません。筆者はこどもたちに「みんなの一番きれいな声を先生に聴かせてね」と声かけするようにしています。範唱したり，歌詞の意味を視覚教材（写真・絵本など）を用いて説明したりすることで，その歌の情景を思い浮かべて「きれいな声」で歌うことができます。また，歌詞の意味がわかれば自然に強弱をつけて歌うことができます。第一部の理論を活かしながら，曲想をつけて弾き歌いの練習を続けましょう。

　伴奏がむずかしくて弾けない曲はコード（和音）で弾くなど，簡易な伴奏に変えて弾くことができるよう解説しましたので，参考になさってください。また，歌うだけでなく，第一部で紹介した楽器を交えての演奏などを研究することも大切です。

　音楽の楽しさを体験させるには，保育・教育者が音楽を楽しめなくてはなりません。「楽しい」と思えるようになるためには時間がかかるかもしれません。すべてを完璧にこなそうとするのではなく，ご自身にあったペースで，少しずつ苦手な分野に挑戦しましょう。こどもたちは，先生やお友だちと歌うことや楽器を奏でることが大好きです。ともに楽しい時間を共有しましょう。

　本書が保育・教育の場でご活躍の先生方，また，これから同職を目指す方々の一助になりましたら幸いです。

　最後になりましたが，本書を出版するにあたり，北大路書房編集部のみなさん，営業部の中岡良和さんには大変お世話になりました。感謝申し上げます。

平成 21 年 3 月

編者代表　石橋裕子

目　次

はじめに

第1部　理論編 ▲▽▲▽▲▽▲▽▲▽▲▽▲▽▲▽▲▽▲▽▲▽▲▽▲▽▲▽

第1章　音楽理論……………………………………………………………………2

1．五線譜の読み方　2
　①五線　2
　②音部記号と大譜表　2
　③小節・縦線・終止線　3
　④音名　3
　⑤変化記号　4
　⑥派生音　5

2．音符・休符，リズム・拍　5
　①音符　5
　②拍子　6
　③連符　7
　④休符　7
　⑤拍子記号とリズム　8

3．さまざまな用語と記号　12
　①強弱について　13
　②速度について　13
　③奏法について　15
　④反復記号　17
　⑤音程　18

4．音階と調　26
　①音階　26
　②調　27

第2章　楽器の種類と扱いについて ……………………………………………30

1．単音の打楽器（小型～中型）　30
　①カスタネット　30
　②スズ　30
　③タンブリン（タンバリン）　31
　④トライアングル　31

⑤シンバル　　31
　　⑥クラベス（拍子木）　32
　　⑦ウッドブロック　　32
　　⑧マラカス　　32
　　⑨ギロ　　33
　2．太鼓　33
　　①小太鼓（スネアドラム）　　33
　　②大太鼓（バスドラム）　　33
　コラム1：マーチを演奏しよう　　34
　　③その他の太鼓　　35
　コラム2：ドラムサークル　　35
　3．音階をつくれる打楽器　　36
　　①スリットドラム　　36
　　②ザイロホーン　　37
　　③メタルホーン　　37
　　④サウンドブロック　　37
　4．その他の楽器　　38
　　①ミュージックベル　　38
　　②トーンチャイム　　38
　　③ウィンドチャイム　　39

第3章　幼稚園・保育園での実践：鍵盤ハーモニカを楽しく学ぶための導入 ……………40
　1．鍵盤ハーモニカの準備と手入れ　　40
　　①ふたを開ける（まずは正しく机に置いて）　　40
　　②ホースを取りつける　　40
　　③用意の形　　41
　　④楽器の手入れ（しまい方）　　42
　2．鍵盤のしくみ　42
　　①白鍵を使って，鍵盤楽器の低音～高音の並び方を知る　　42
　　②黒鍵の並び方を知る　　44
　3．ドレミにチャレンジ　　44
　　①「ド」の位置　　45
　　②「ソ」の位置　　45
　　③ドレミファソの弾き方　　46
　4．タンギング　　47
　5．メロディーの実践　　48

第4章　小学校での実践：リコーダーを楽しく学ぶための導入 …………………………50
1．「楽器」としてのリコーダーに興味をもたせる　50
①範奏の重要性　50
②リコーダーを扱ううえでの注意　50
③楽器の手入れ（しまい方）　51
2．正しい息・正しい持ち方（姿勢）　51
①息の出し方　51
②持ち方・姿勢　52
3．タンギング－新しい音（指使い）へ－　53
①タンギング練習　53
②合奏の仕方　53
③新しい音にチャレンジ　54
④楽しく学ぶための工夫　55

第2部　実践編　▲▽▲▽▲▽▲▽▲▽▲▽▲▽▲▽▲▽▲▽▲▽▲▽▲▽

第1章　コードネームと簡単なこどもの歌の弾き歌い …………………………58
1．簡単な伴奏での「弾き歌い」　58
2．コードネームとは　62
①三和音　62
②長3度と短3度　62
③三和音のコードネーム　63
④属七の和音：セブンス　コード　64
⑤和音（コード）の転回形　65
⑥ハ長調の主要三和音と属七の和音　65
3．和音（コード）伴奏での「弾き歌い」　67

第2章　ポイントに沿って実際に弾いてみよう …………………………79
★収載曲目リスト★
1．おはよう　79
2．おべんとう　81
3．おかえりのうた　82
4．大きな古時計　83
5．おかあさん　86
6．すてきなパパ　87
7．うれしいひなまつり　88
8．こいのぼり　89

9．とんぼのめがね　　90
　10．ともだちになるために　　91
　11．世界中のこどもたちが　　94
　12．ハッピーチルドレン　　96
　13．はじめの一歩　　98
　14．さよならぼくたちのほいくえん（ようちえん）　　101
　15．ありさんのおはなし　　104
　16．カレンダー・マーチ　　106

第3章　自由に弾いてみよう……………………………………………………………109
★収載曲目リスト★
　1．ぞうさん　　109
　2．もりのくまさん　　110
　3．さんぽ　　112
　4．ふしぎなポケット　　114
　5．犬のおまわりさん　　116
　6．あわてん坊のサンタクロース　　118
　7．バスごっこ　　120
　8．アイアイ　　122
　9．あめふりくまのこ　　124
　10．おはながわらった　　126
　11．おもちゃのチャチャチャ　　128
　12．とんでったバナナ　　130
　13．オバケなんてないさ　　132

□◆□

第 1 部

理論編

第1章 音楽理論

こどもと一緒に歌ったり演奏したりするには，楽譜が読めなくてはできません。
ここでは，基本的な音楽理論（楽典）を勉強しましょう。

1．五線譜の読み方

①五線

楽譜は5本の線からできている五線に書かれ，線にはそれぞれ名前がつけられています。
五線に入りきらない音域の音は，加線で表わします。

●五線

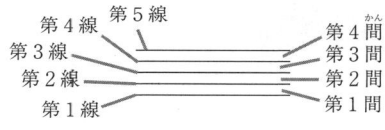
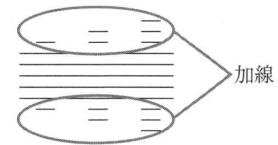

②音部記号と大譜表

五線の左端に書いてある，音の高さを示す記号を音部記号とよびます。

ト音記号（高音部記号）は高い音を書くときに使い，ヘ音記号（低音部記号）は低い音を書くときに使います。

このト音記号やヘ音記号の書いてある五線を譜表とよび，ピアノには高音部譜表と低音部譜表を組み合わせた大譜表が使われます。

●ト音記号

書き方：第1間から弧を描いて書き始め，第3線から下がって第1線から再び上方へ描き，第5線の上で折り返します。第4線で交差させて第1線の下で少し丸めて書き終えます。

●ヘ音記号

書き方：第4線から弧を描いて書き始め，第5線から下方へ描き，第2線の少し下で止めます。第3間と第4間に小さな黒丸を書きます。

●大譜表

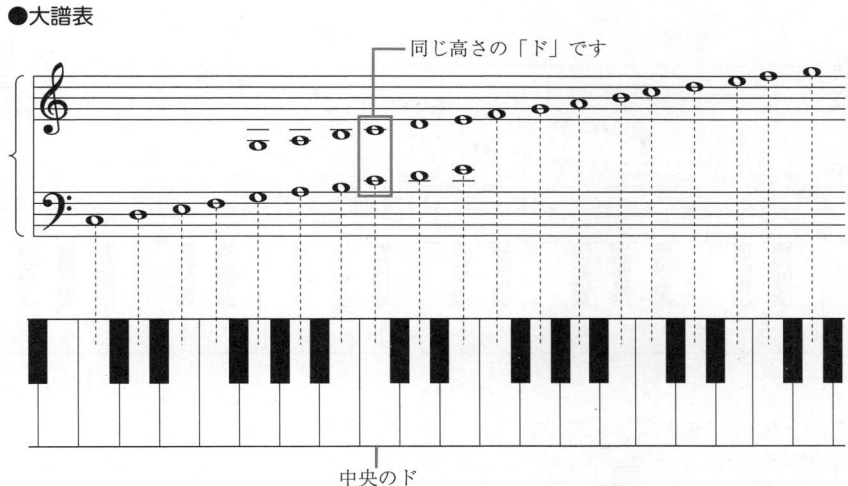

③小節・縦線・終止線

　楽譜を区切るのには縦線（小節線）を使い，縦線で区切られたスペースを小節といいます。曲の終わりの線を終止線といい，曲の途中で拍子や調が変わるときに使う線を複縦線といいます。

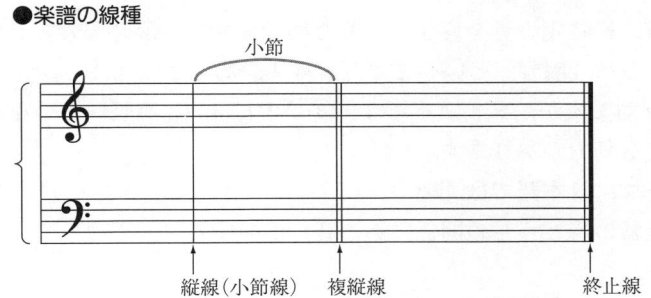

④音名

　それぞれの音の高さについている名前をいい，国によって呼び方が異なりますが，オクターブごとに同じ音名がくり返して使われます。オクターブの違いは，音名の横や上に点，数字などをつけることで区別しています。ここでは，日本語，イタリア語，英語，ドイツ語の音名を紹介します。

第1部　理論編

●音名

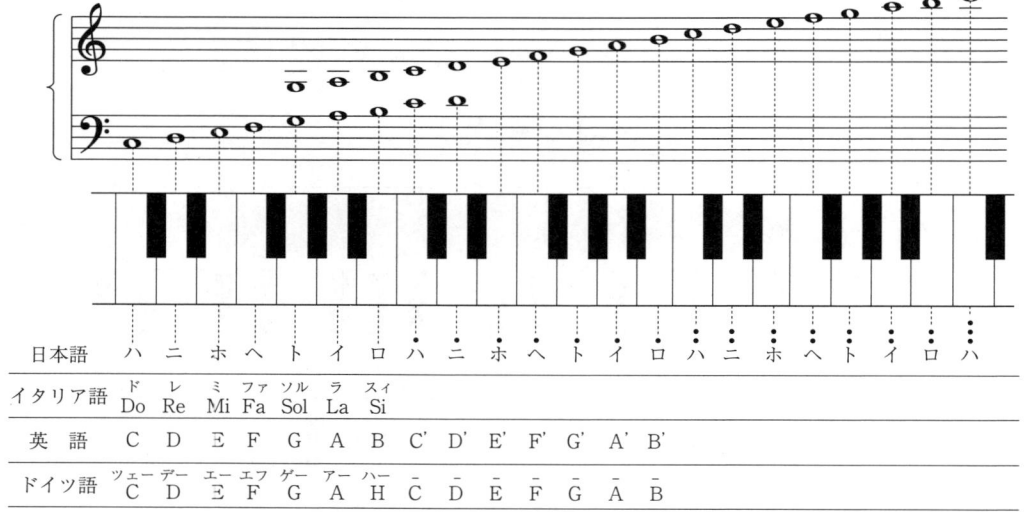

⑤変化記号

　音符の左側や楽譜の左部分についている♯や♭などの記号を「変化記号」といいます。変化記号は必ず音符の左側の，音符と同じ高さにつけます。

　曲の途中で一時的に特定の音を変化させるための記号を「臨時記号」といいます。音部譜表の次に書く♯や♭は「調号」といいます（本章4．②　3），p.28 参照）。臨時記号は同一小節内に限って有効ですが，タイ（本章3．③　1），p.15 参照）でつながっている場合には，小節を越えても効力があります。

　1）♯（シャープ，日本語では「嬰(えい)」）
　　　…半音（鍵盤の隣どうしの関係にある音）高くする。

●♯の例

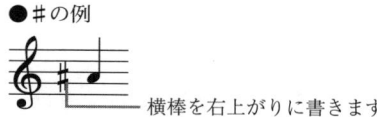

横棒を右上がりに書きます

　2）♭（フラット，日本語では「変(へん)」）
　　　…半音低くする。

●♭の例

3）♮（ナチュラル，日本語では「本位記号」）
　　…もとの高さにもどす。

●♮の例

●臨時記号

⑥派生音
　　変化記号のついた音をいいます。

●派生音

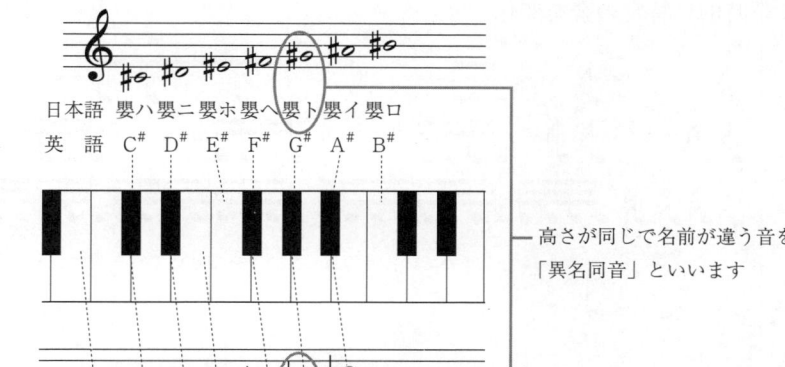

2．音符・休符，リズム・拍

①音符
　　音符は，全音符の長さを基準としています。全音符の2分の1の長さの音符を2分音符，4分の1の長さの音符を4分音符といいます。

●各部分の名前

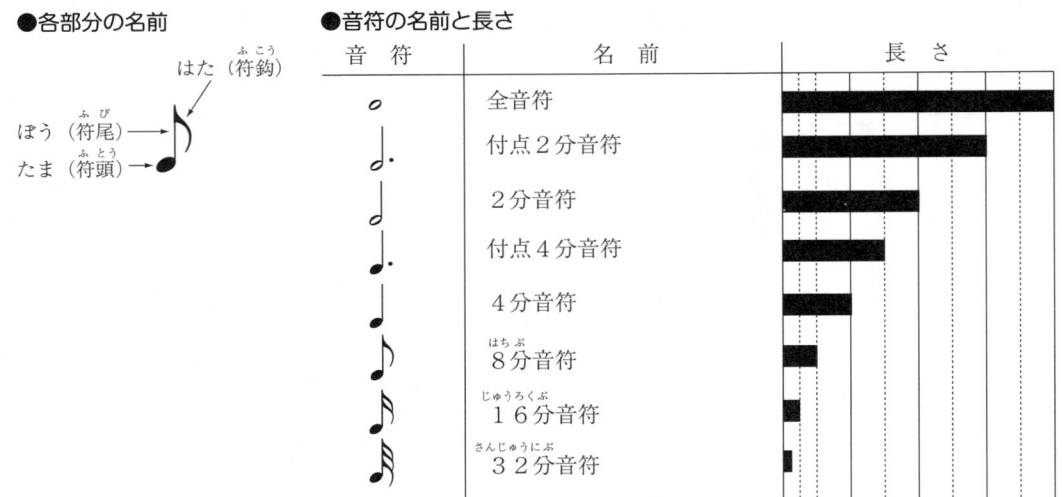

●音符の種類と長さの関係
音符のぼうの向きは，第3線より高い位置の音符は下に，低い位置にある音符は上につけます。

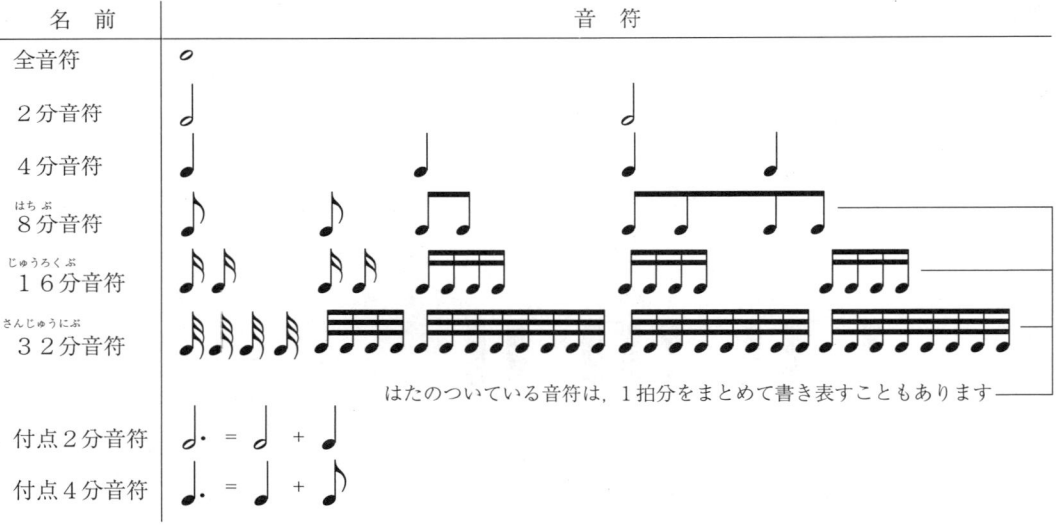

　音符の右につく小さな点を付点といい，「その音符の2分の1（半分）の長さ」という意味があります（たとえば「付点2分音符」の付点は，2分音符の半分の長さです）。

②拍子
　西洋の音楽は，基本的に等間隔の拍のくり返しでできています。拍とは打点のくり返しのことで，強拍（強く感じる拍）と弱拍（弱く感じる拍）とがあります。通常1拍目が強拍です。拍子は，拍が集まってできた音楽の流れの単位です。

１）２拍子
強拍と弱拍とが交互にくり返される拍子です。

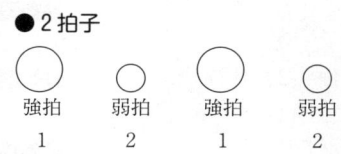

２）３拍子
「１拍目が強拍，２・３拍目が弱拍」がくり返される拍子です。

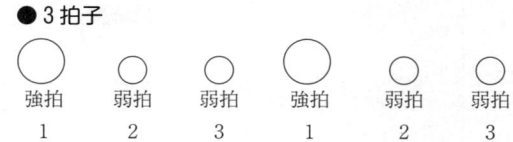

３）４拍子
「１拍目が強拍，２拍目が弱拍，３拍目が中強拍，４拍目が弱拍」がくり返される拍子です。

③連符
　１つの拍を半分以上の長さに分割する場合に用い，３連符，５連符などがあります。３連符なら１拍の中に，３拍を均等に入れます。「バナナ」などのことばを入れてみると，正確に演奏できます。

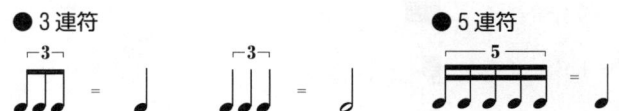

④休符
　休符は，休む長さを表わす記号で，種類と長さは音符と同じしくみです。また音符とは違い，五線のおよそどの位置に書くのかが決まっています。

●休符の名前と長さ

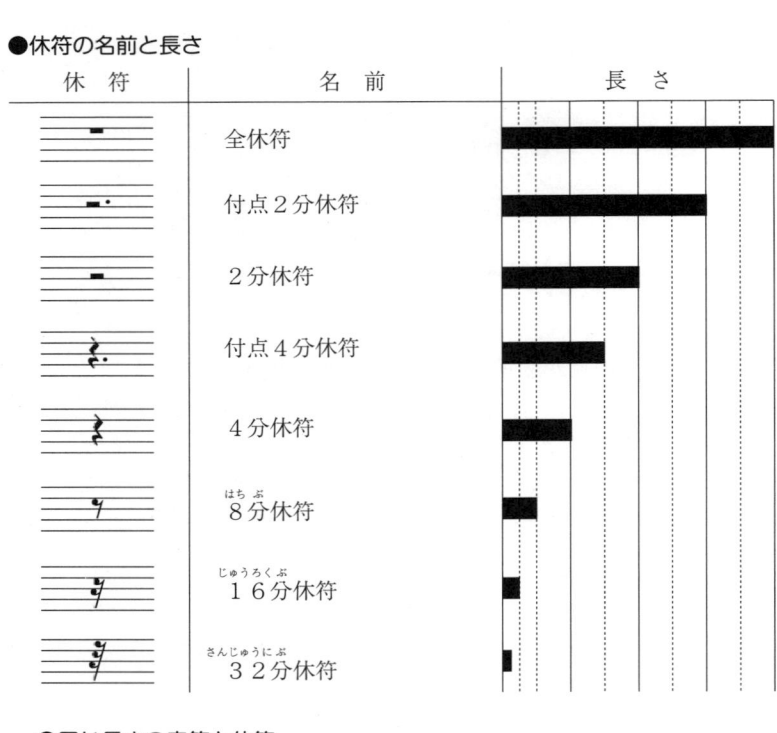

●同じ長さの音符と休符

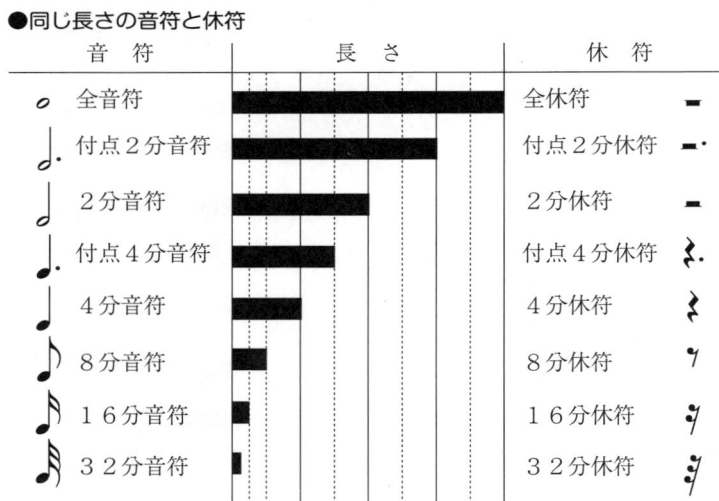

⑤拍子記号とリズム

　拍子は，楽譜の左端に，おもに分数の形で表わされており，これを拍子記号とよびます。拍子記号には，決められた呼び方と意味があり，分母は拍の基準となる音符の種類，分子は分母の音符が1小節に入る数，つまり，拍子を表わします。

1) 4分の4拍子

4 ⟶ 基準となる音符が1小節に入る数，この場合は「1小節に4分音符が4個分入る拍子（4拍子）」
4 ⟶ 基準となる音符の種類，この場合は「4分音符」

4分の4拍子は「1小節に4分音符が4個分入る拍子」のことで，小学校の授業などでは，こどもたちが理解しやすいようにとの配慮から$\frac{4}{\downarrow}$と書いて教えることもあります。また，楽譜上ではCと書き表わすこともあります。つまり，4分の4拍子は，

4分音符なら1小節に4個入ります。

2分音符なら1小節に2個入ります。

全音符なら1小節に1個入ります。

8分音符なら1小節に8個入ります。

16分音符なら1小節に16個入ります。

●「とんでったバナナ」

2）4分の3拍子

3 ─→ 4分音符が3個分（3拍子）
4 ─→ 4分音符

4分の3拍子は，「1小節に4分音符が3個分入る拍子」のことです。

● 「ぞうさん」

3）8分の3拍子

3 ─→ 8分音符が3個分（3拍子）
8 ─→ 8分音符

8分の3拍子は，「1小節に8分音符が3個分入る拍子」のことです。

4）8分の9拍子

9 ─→ 8分音符が9個分
8 ─→ 8分音符

8分の9拍子は，「1小節に8分音符が9個分入る拍子」のことです。
　この拍子は，ふつう，8分音符3個をひとかたまりに書きますから，3拍子のように数えます。

5）4分の2拍子

2 ─→ 4分音符が2個分（2拍子）
4 ─→ 4分音符

4分の2拍子は，「1小節に4分音符が2個分入る拍子」のことです。

● 「サッちゃん」

6）2分の2拍子

2 ⟶ 2分音符が2個分（2拍子）
2 ⟶ 2分音符

2分の2拍子は，「1小節に2分音符が2個分入る拍子」のことです。

● 「あわてんぼうのサンタクロース」

7）8分の6拍子

6 ⟶ 8分音符が6個分
8 ⟶ 8分音符

8分の6拍子は，「1小節に8分音符が6個分入る拍子」のことです。この拍子は，ふつう，8分音符3個をひとかたまりに書きますから，2拍子のように数えます。

● 「思い出のアルバム」

8）リズム（楽譜）の書き方

リズムを書き表わすときには，拍子が一目でわかるように書きます。拍ごとにまとまって見えるように書くのがポイントです。

第1部　理論編

9）複合拍子と単純拍子

8分の6拍子，8分の9拍子のように，いくつかの拍のかたまりが集まってつくられた拍子を複合拍子といいます。たとえば，8分の6拍子は，1拍が8分音符3つ分に分かれています。また，4分の3拍子，4分の2拍子のように1拍の中が細かく分かれていない拍子を単純拍子とよびます。

10）強起と弱起

強拍（1拍目）から始まる場合を強起，弱拍（1拍目以外）から始まる場合を弱起といいます。弱起の曲は，曲の最初の小節と最後の小節を足すと1小節になります。

●「山の音楽家」（弱起）

11）シンコペーション

強拍の場所が移動して，本来弱拍である部分が強調されるリズムをシンコペーションといいます。シンコペーションは小節内や小節を越えて起こる場合などがあります。

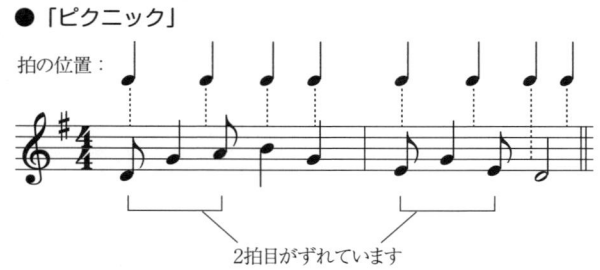

●「ピクニック」

3．さまざまな用語と記号

音楽は，音の高さや長さを表わす音符や休符だけではなく，曲想などをさまざまな記号や用語を使って表わします。また，楽譜上の用語や記号の多くはイタリア語です。そのため，

ほとんどの用語の綴りはローマ字読みできます。

①強弱について
　1）強弱記号

記号	綴り	読み方	意味
pp	pianissimo	ピアニッシモ	とても弱く
p	piano	ピアノ	弱く
mp	mezzo piano	メゾ　ピアノ	やや弱く
mf	mezzo forte	メゾ　フォルテ	やや強く
f	forte	フォルテ	強く
ff	fortissimo	フォルティッシモ	とても強く

　2）特定の音の強弱を表わす記号

記号	綴り	読み方	意味
♪	accento	アクセント	その音をとくに強調する
sùbito p	sùbito piano	スビト　ピアノ	急に小さな音にする
sfz	sforzando	スフォルツァンド	その音をとくに強く
fp	fortepiano	フォルテピアノ	強くすぐに弱く

　3）強弱の変化を表わす記号

記号	綴り	読み方	意味
＜ *cresc.*	crescendo	クレッシェンド	だんだん強く
＞ *decresc.*	decrescendo	デクレッシェンド	だんだん弱く
dim.	diminuendo	ディミヌエンド	だんだん弱く 単純な音量の減衰ではなく，精神的な減衰を示すことがあります。

②速度について
　1）速度の記号
　　速さを表わすには，数字を用いる「メトロノーム記号」（メトロノームは音楽の速度を計

第1部　理論編

る器械で，振り子式や電子式などのものがあります）と，ことばを用いる「速度標語」とがあります。

♩＝60 は「メトロノーム記号」で，「1分間に4分音符が60個分入る速さで演奏する」という意味があります。ちなみに♩＝60 は時報の速さです。

次がおもな速度標語です。

標語	読み方	意味
Largo	ラルゴ	幅広く，ゆったりと
Adagio	アダージョ	ゆるやかに
Andante	アンダンテ	歩くような速さで
Moderato	モデラート	中くらいの速さで
Allegretto	アレグレット	やや速く
Allegro	アレグロ	快速に

2）速度の変化を表わす記号

曲の途中で変化する速度について指示する記号です。

記号	綴り	読み方	意味
rall.	rallentando	ラレンタンド	だんだん遅く
rit.	ritardando	リタルダンド	だんだん遅く
riten.	ritenuto	リテヌート	急に遅く
a tempo		ア　テンポ	もとの速さで
Tempo I	Tempo primo	テンポ　プリモ	初めの速さで
meno mosso		メノ　モッソ	今までより遅く
più mosso		ピウ　モッソ	今までより速く

3）発想記号（発想標語）

曲の性格や表情を示す記号です。ここでは，こどもの歌などに出てくるものをあげます。

記号	読み方	意味
amabile	アマービレ	愛らしく
cantabile	カンタービレ	歌うように
dolce	ドルチェ	やわらかく
espressivo	エスプレッシーボ	表情豊かに
leggiero	レッジェーロ	軽く
con moto	コン　モート	動きをつけて速めに

4）その他の記号

強弱記号，速度記号，発想記号などといっしょに使われる記号です。ここでも，こどもの歌などに出てくるものをあげます。

記号	読み方	意味
con	コン	〜といっしょに
molto	モルト	とても
poco	ポーコ	少し
poco a poco	ポーコ ア ポーコ	少しずつ
sempre	センプレ	常に

③奏法について

音符につけて，どのように演奏するのかを表わしている記号です。

1）タイ

同じ高さの音符どうしをつなげて1つの音にします。音を足した長さ分のばします。小節をまたがったり，拍を数えやすくするのに使われます。

2）スラー

違う高さの2つ以上の音符につけられます。つなげられた音はなめらかにつなげて演奏します。

3）テヌート

音を十分にのばして演奏します。音符の上や下につけます。

4）スタッカート

音を短く切って演奏します。ピアノの演奏では，無理に短くしようとするとアクセントがつきますので，自然に，鍵盤から指を離す（上方に手をあげる）ようにして弾きます。

5）フェルマータ

音をほどよくのばします。ついている音符の倍の長さ分のばすことが多いようです。

6）前打音

大きな音符の横に小さく書かれます。大きな音符に小さな音符の音を引っかけるように演奏します。

7）トリル

その音と，隣り合っている上か下の音とを細かく数回上下させて演奏します。

8）オッターバ（オクターブ記号）

楽譜の上に書かれている場合には，書かれている音よりも1オクターブ高い位置で，楽譜の下に書かれている場合には，書かれている音よりも1オクターブ下の位置で演奏します。

●オッターバ

9）ブレス

息継ぎをする場所を示す記号で，Vで表わします。

●ブレス

④反復記号

曲のある部分が何小節にもわたってくり返すときに使う記号です。

1）リピート

記号の間をくり返します。また曲の初めからくり返すこともあります。この場合 𝄆 は省略します。

2）1番かっこ，2番かっこ

┌1.────┐┌2.────┐と書き，まず┌1.────┐の部分を演奏して，くり返したあとは┌1.────┐をとばして┌2.────┐を演奏します。

●1番かっこ，2番かっこ

演奏順：A−B−C−A−B−D

3）ダ・カーポ（*D.C.*），フィーネ（*Fine*）

D.C. で曲の初めにもどって演奏し，*Fine* で終わります。

第１部　理論編

●ダ・カーポとフィーネ

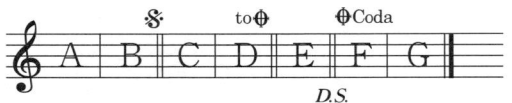

演奏順：A−B−C−D−E−A−B

４）ダル・セーニョ（D.S.），セーニョ（𝄋），トゥー・コーダ（to ⊕），コーダ（⊕ Coda）
D.S. から 𝄋 へとび，次に to ⊕ から ⊕ Coda にとんで演奏します。

演奏順：A−B−C−D−E−C−D−F−G

⑤音程

２音間の隔たりをいい，１度，２度などとよびます。

音程は，同じ音どうしを１度とよびます。「２音間に鍵盤は１つだから１度」と考えます。１オクターブは８度です。

音程を考えるときには２音間に，ピアノの鍵盤の白鍵と白鍵との間に黒鍵のない場所（　　　　）の有無をチェックするとわかりやすいです。

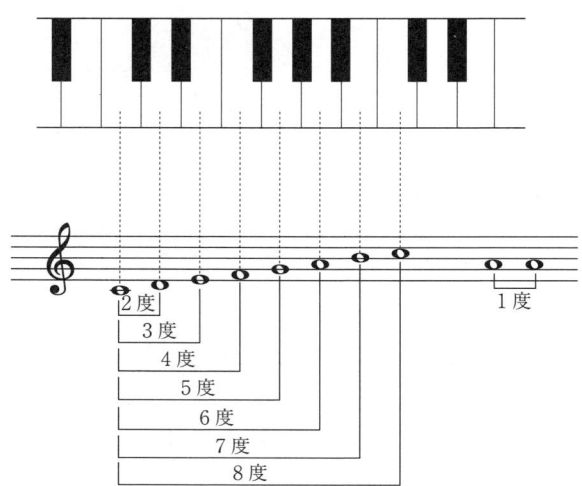

●音程の数え方

1) 1度

1度には，完全1度や増1度があります。

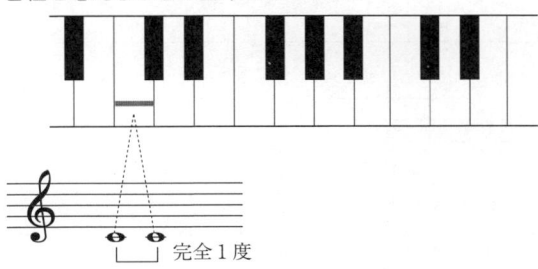

●完全1度　鍵盤上・楽譜上ともに同じ音で，1度の音程を考えるときの基準となります。

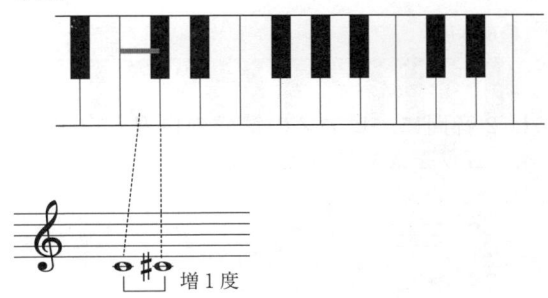

●増1度　完全1度よりも鍵盤の幅が半音分広い音程です。

2) 2度

2度には，長2度や短2度などがあります。

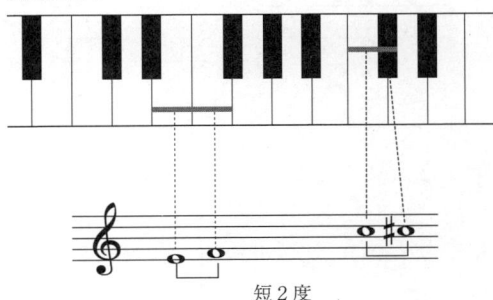

●短2度　隣り合った白鍵と黒鍵，または，黒鍵を挟まずに隣り合った白鍵の間の音程で半音ともよびます。

第 1 部　理論編

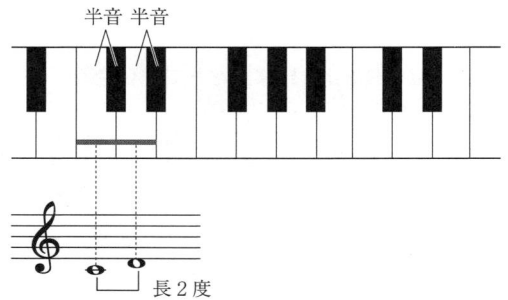

●長 2 度　半音 2 つ分の音程のことで，全音ともよびます。

3）3 度

3 度には，長 3 度や短 3 度などがあります（詳細は第 2 部第 1 章 2．，p. 62 参照）。

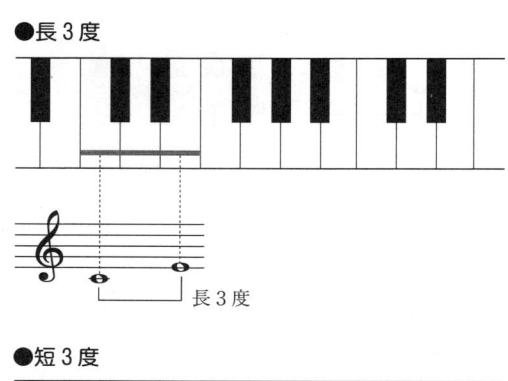

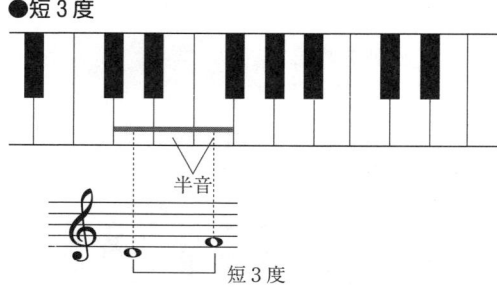

4）4 度

4 度には，完全 4 度，増 4 度，減 4 度などがあります。

●完全4度　半音が1つ入っている4度の音程です。

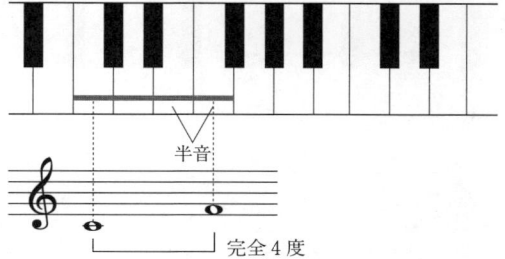

●増4度　完全4度よりも半音分広い音程です。
しくみは完全1度と同じです。

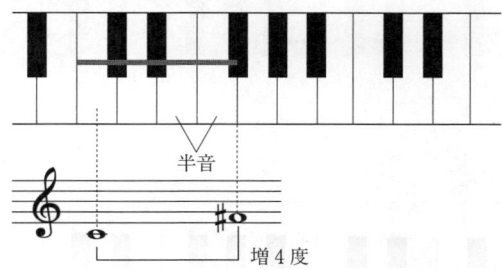

●減4度　完全4度よりも半音せまい音程です。

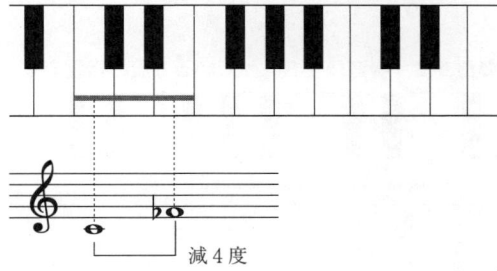

5）5度

5度には，完全5度，増5度，減5度などがあります。

●完全5度　半音が1つ入っている5度の音程です。

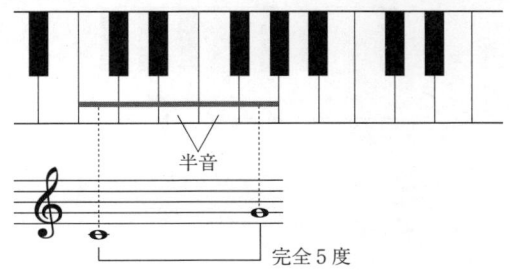

第1部　理論編

●増5度　完全5度よりも半音広い音程です。

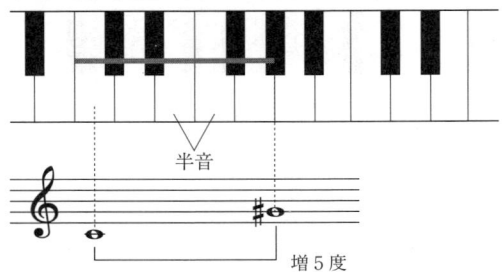

●減5度　完全5度よりも半音せまい音程です。

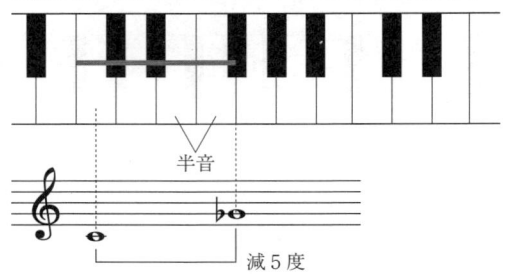

6) 6度

6度には，長6度や短6度などがあります。

●長6度　半音が1つ入っている6度の音程です。

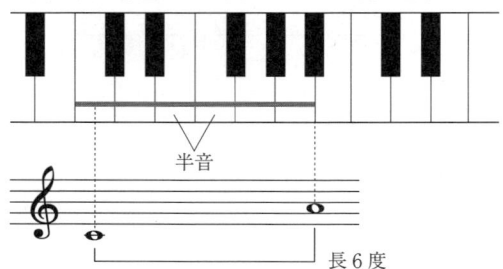

●短6度　半音が2つ入っている6度の音程です。

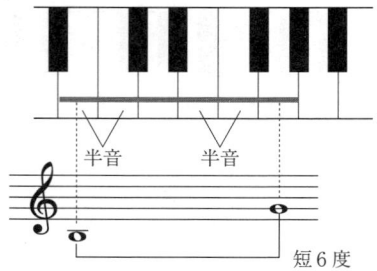

7）7度

7度には，長7度や短7度などがあります。

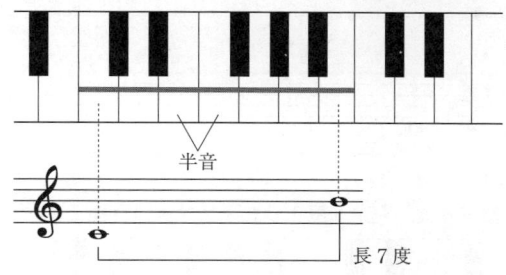

●長7度　半音が1つ入っている7度の音程です。

●短7度　半音が2つ入っている7度の音程です。

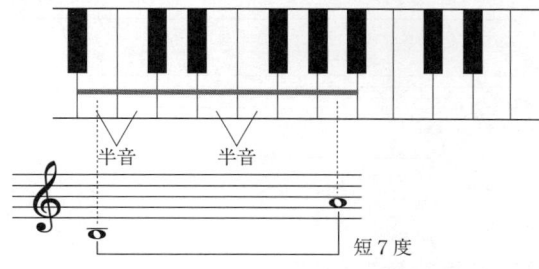

8）8度

8度には，完全8度，増8度，減8度などがあります。

●完全8度　半音が2つ入っている8度の音程です。

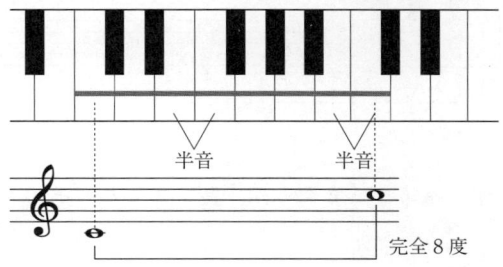

第1部　理論編

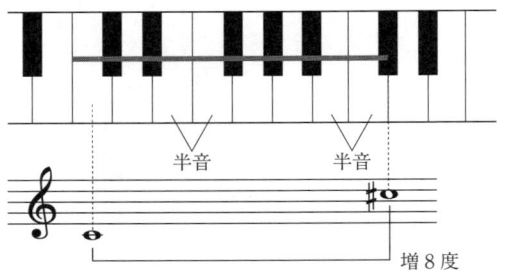

●増8度　完全8度よりも半音広い音程です。

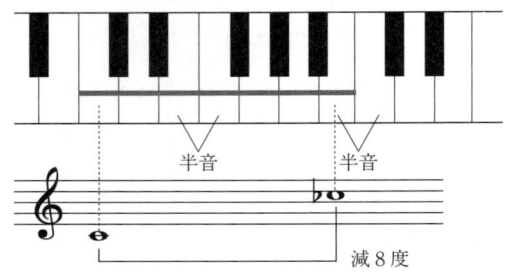

●減8度　完全8度よりも半音せまい音程です。

9）異名同音
楽譜上は異なる音ですが，鍵盤上では同じ音のことをいいます。

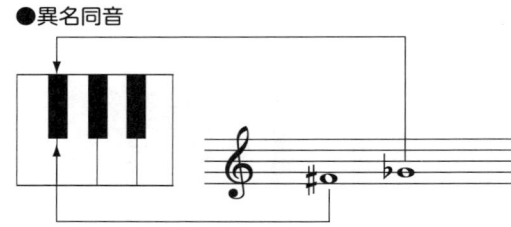

●異名同音

10）音程のしくみ
音程には2種類あります。基本が「完全」か「長・短」かでそのしくみに違いがあります。

●音程のしくみ

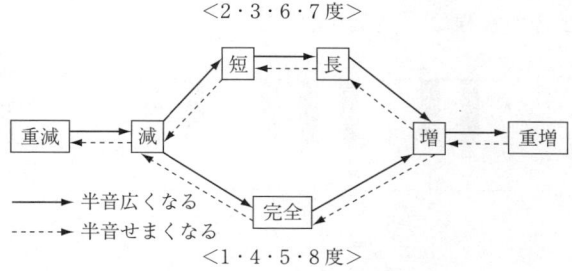

11）音程の数え方
次の音符の音程を数えてみましょう。

手順

1．まず考えやすいように両方の音から♯を取ります。
2．何度であるか数えます。この音程の場合は5度ですから，完全5度，増5度，減5度のいずれであるのかを考えます。半音が1つ入っていますから，完全5度です。

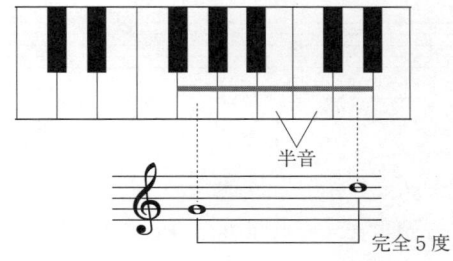

3．下の音に♯をつけます。完全5度よりも半音狭くなりましたので，減5度です。

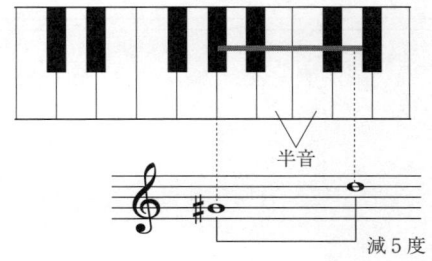

4．上の音に♯をつけます。3）よりも半音広くなりましたから完全5度となります。したがって，この2音の音程は「完全5度」です。

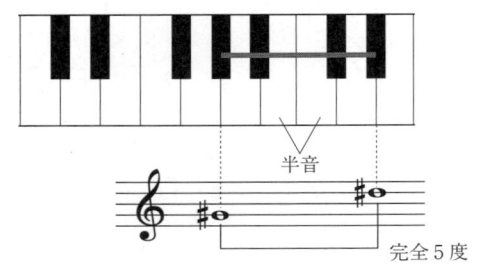

4．音階と調

　音階は，規則的に全音と半音が出てくる「音の階段」です。全音と半音の並び方により，いくつかの種類があります。どの音階を使うかによって調が決まります。

①音階

　1）長音階

　　音階の3・4音と7・8音が半音，それ以外は全音の音階です。

　2）自然（的）短音階

　　音階の2・3音と5・6音が半音，それ以外は全音の音階です。

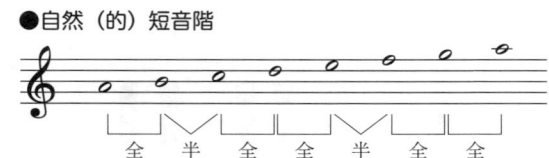

　3）和声（的）短音階

　　自然（的）短音階の7音を半音上げた音階です。

●和声（的）短音階

全 半 全 全 半 増 半

4）旋律（的）短音階
上行の場合だけ，自然（的）短音階の6・7音を半音上げた音階です。

●旋律（的）短音階

全 半 全 全 全 全 半 全 全 半 全 全 半 全

②調
1）長調

長音階による曲の調子のことをいいます。日本語の音名を使い「ド」から始まる長音階を「ハ長調」，「ファ」から始まる長音階なら「ヘ長調」といいます。ちなみに本節① 1）で述べた長音階は，「ト長調」であり，それぞれ「全全半…」と並ぶように必要な音に♯や♭がつけられます。「ヘ長調」なら，「ヘ（ファ）から始まる長音階（ヘ調長音階ともいいます）」という意味です。

音階の始まりの音（1音）を「主音」といいます。また，4音を下属音，5音を属音といいます。

●ヘ長調

全 全 半 全 全 全 半

2）短調

短音階による曲の調子のことをいいます。「ハ短調」なら，「ハ（ド）から始まる短音階（ハ調短音階ともいいます）」という意味です。

●ハ短調

全 半 全 全 半 全 全

3）調号

五線で，音部譜表の次に書く，音階に出てくる♯や♭をいいます（これに対し，曲の途中で一時的に変化させる音についている♯や♭は「臨時記号」といいます。

調号をつけるのには使用頻度により，あらかじめ決められた順番があり，♯はファから5度ずつ上（ド・ソ・レ・ラ・ミ・シの順）に，♭はシから5度ずつ下（ミ・ラ・レ・ソ・ド・ファの順）につけます。

●調号

4）移調

ある曲を，違う調で演奏したり書き写すことをいいます。こどもたちの歌いやすい高さにするときなどに用います。長調は別の長調に，短調は別の短調に変えることができます。

●ハ長調からニ長調へ（ちょうちょう）

ハ長調はドから，ニ長調はレから始まる長調です。ドとレの音程は2度ですから，すべての音を2度上に書き換えます。

第1章　音楽理論

5）転調

曲の中で調が変わることをいいます。長調から長調または短調に，短調から短調または長調に変えることができます。

ぼくのミックスジュース

五味　太郎　作詞
渋谷　毅　作曲

●転調の曲の例

1. おはようさんの　おおごえと　キラキラキラの
2. ともだちなかよし　うたごえと　スカッとはれた
3. あのねーそれでねの　おはなしと　ほんわかおふろの

おひさまと　それにゆうべの　こわいゆめ
おおぞらと　それにけんかの　べそっかき
いいきもちと　それにひざこぞうの　すりきずを

みんなミキサーにぶちこんで　あさるは
みんなミキサーにぶちこんで　ひるは
みんなミキサーにぶちこんで　よるは

ここまではニ長調

（マーチふうに）

ミックスジュース　ミックスジュース　ミックスジュー
ミックスジュース　ミックスジュース　ミックスジュー
ミックスジュース　ミックスジュース　ミックスジュー

ここからはト長調

ス　こいつをググッと　のみほせば
ス　こいつをググッと　のみほせば
ス　こいつをググッと　のみほせ

（7）きょうはいいことも　あるかもね　しか
　　んでもいかんです　もりゆめのような
（7）あとはぐっす　もりゆめのような

第2章 楽器の種類と扱いについて

　楽器には大きく分けて，木琴や鉄琴などのように音階になっているものとカスタネットやスズなどのように単音しか出ないものとがあります。しかし単音しか出ない楽器でも，大きさの違いによって音階をつくり出すことができます。ここでは，打楽器の種類と扱い，そしてその他の楽器の種類と取り扱いについて説明します。楽器の種類や特徴を知ることは，こどもへ楽器の使用法を伝えるために必要なことです。また，扱い方を知ることによって，楽器の保管やメンテナンスに役立ててください。

1．単音の打楽器（小型〜中型）

①カスタネット

　保育所や幼稚園などにおいて，よく使用されている打楽器の一つです。木製のものや樹脂製のもの，さまざまな動物をかたどったものも市販されています。使用方法は，利き手と反対側の人差し指か中指に固定し，利き手でたたく方法が一般的です。固定する場合，カスタネット内部の突起のある面が下にくるようにしてください。手でたたく以外にも，両手にカスタネットをつけて，膝でたたくという方法もあります。カスタネットはゴムの部分が緩むとたたきにくくなりますので，交換のためのゴムを用意しておくと便利でしょう。

②スズ

　保育所や幼稚園などにおいて，よく使用される打楽器の一つです。基本的な使用方法は，利き手と反対側の手に握り，利き手でグーをつくり，反対側の手首をたたいて音を出します。大きい音をつくり出すときは2個同時に握るという方法もあります。手で握って振るだけでも音は出ますが，正しいリズムをつくりたい場合，振るよりも手首をたたいたほうがはっきりとしたリズムをつくることができます。スズは乱暴に扱うと，握りの部分からスズがとれてしまうことがあります。とれてしまったスズは誤

飲を防ぐために確実に確保・保管する必要があります。とれたスズはラジオペンチ等を使ってつけ直すことができますが，テグス糸で代用することも可能です。しかし，安全のためには，早めに新しいものと交換しましょう。

③タンブリン（タンバリン）

保育所や幼稚園などにおいて，よく使用される打楽器の一つです。横に穴があいているものもありますが，この穴に親指を入れると，骨折することがありますので，入れないようにしましょう。基本的には，穴のあるところが持つ場所です。親指でふち（フレーム）を持ち，他の指でしっかり支えて，皮を上にして水平に持つのが正しい持ち方です。基本的には，手が皮に触れない位置でフレームを握り，利き手で皮の中央をたたきます。フレームにはジングルが5～8枚取りつけてあり，タンブリンを振ることによって，ジングルの音だけを鳴らすこともあります。これ以外の奏法には，皮の部分をこすって音を出す方法もあります。フレームの部分は，大きな力が加わると割れる可能性があります。また温度や湿度の変化によってヒビが入る可能性もあります。フレーム本体に割れやヒビが入った場合は，交換してください。ジングルがとれた場合は，接合部分の金属片がむき出しになるので，安全性を確かめてから使用するようにしてください。

タンブリンの仲間でモンキータンブリンがあります。これは，フレームとジングルだけの楽器で，おもに振って音を出します。そのため，タンブリンよりもジングルの数が多く，よりハッキリとした金属音を奏でることができます。

モンキータンブリン

④トライアングル

トライアングルは，鉄鋼を素材とした細長い金属棒を三角形に曲げたもので，ビーター（金属棒）で打って音を出します。澄んだ音を出すためには，楽器が自由に振動できるよう，開いていない角にひもをつけて吊します。手や服が当たると，振動が止まってしまいます。

⑤シンバル

シンバルは，薄い金属製（錫が含まれた青銅）の円盤で，いろいろな大きさがあります。取り扱いに関しては，直接金属部分に触れてしまうと指紋がつき，後の磨きがたいへんになりますので，できるだけ金属部分には触れないように取り扱いたいものです。また，青銅が含まれているため，指紋だけでなく，湿気に対しても気をつける必要があります。緑青（ろくしょう）が浮いてきますので，こどもがそれを口に入れないように注意してください。持

第1部 理論編

シンバル

サスペンデッドシンバル
マレット（ばち）を使用して演奏します。こどもにとって使いやすいシンバルです。

悪い例：シンバルが空気を圧縮して響きません。

良い例：2枚のシンバルを上下に動かすように打ち合わせます。

ち方は，輪になった持ち手の部分を手首の近くまで手を通して，持ち手の根元部分をしっかりとつかみます。

　演奏方法は，少し楽器を斜めに構えて，上右図のように2枚を打ち合わせるとよい音が出ます。

⑥クラベス（拍子木）

　クラベス（拍子木）は同じ形をした2本1組の楽器ですが，それぞれに役目があります。利き手に持ったほうがばちの役目をし，もう片方が音を鳴らす役目をもっています。利き手でないほうは，楽器の先から3分の1くらいのところを2本の指で軽く持ち，残りの指を添えます。手のひらを軽く丸め，楽器と手のひらの間に空洞をつくります。強く握ってしまうと響きにくくなるので，手の上に軽くのせているような感じにします。そして，利き手（ばち）で楽器の先をたたきます。きちんと鳴ると，はっきりとした輪郭のある音が出ます。

⑦ウッドブロック

　ウッドブロックは，固い中空の木にスリットが入れてある楽器です。右と左では少し音高が違います。形としては，筒型（チューブラー）のウッドブロックと箱型のウッドブロックがあります。たたくと輪郭のはっきりとした音が出て，合奏などでは効果的な役割を果たします。

⑧マラカス

　一般的にマラカスとよばれていますが，本来は「マラカ」という呼び名で，マラカスはその複数形です。丸くなった部分に小さな玉を入れ，これを振ることによって音を出します。

きれいではっきりとした音を出すためには，ただ振り回すのではなく，中に入った小さな玉が同時に動くようにします。そのために軽く持ち，丸くなった部分を少し持ち上げ，スナップを利かせて急激に下げて，中の小さな玉が同時に動くようにします。このとき，あまり大きく動かさず，だいたい，マラカスの丸くなった部分の半径分ぐらいの幅を動かすとよいでしょう。

⑨ギロ

カエル型ギロ

　ギロはヒョウタンの中身をくりぬいて外側にギザギザの刻みを入れた楽器です。木製や樹脂製のものもありますが，使い方は同じです。利き手でないほうの手にギロを持ち（裏側に穴があいていますので，そこに指を入れて固定します），利き手でギザギザをこするための棒を操作します。基本的なリズムは，長い音と短い音の組み合わせで表現します。もう一つのギロは，カエル型のギロで，背中をこするとギロとして，頭をたたくとテンプルブロック（木魚を発展させた楽器で，ウッドブロックに近い音がし，大小の違いにより音階をつくり出すことができる）として使用できます。

2．太鼓

①小太鼓（スネアドラム）

　小太鼓（スネアドラム）は，「スネア」という細い鎖状の響線（ひびきせん）が，太鼓の裏側に張ってある皮に接するように張られていて，「スネア」と皮が同時に振動することによって独特の音を出します。

　小太鼓の横に，「スネア」を張ったり緩めたりするレバーがついていますが，使用していないときは必ずレバーを倒して緩めておくようにしてください。「スネア」を張ったままにしておくと，徐々に緩みが出て，きれいな音が出にくくなります。たたく位置によって微妙な音の変化がありますが，基本的に中央部分より少し外側にずれた部分をたたきます。

②大太鼓（バスドラム）

　大太鼓（バスドラム）は，筒状の胴の両端に皮を張った両面太鼓です。通常，直径10センチくらいのボア状のヘッドがついたマレット（ばち）でたたきますが，固くて輪郭のはっきりした音がほしいときには，硬めのマレットを使用します。こどもに使用させるときに注意

第1部　理論編

したいのが，たたいたあとの音の処理です。たたきっぱなしだと，音の余韻が残り，リズムが不明瞭になることがあります。この場合，たたいたあとにマレットを持っていないほうの手で皮の振動を止める必要があります。

●**コラム1**　マーチを演奏しよう

　マーチなどで小太鼓は後打ちを担当することが多い楽器です。しかし幼児にとって後打ちを理解することはむずかしいので，タオルを使って次のような方法で演奏をすることができます。

※注意：タオル等はヘッドにかかりすぎると響きを止めてしまいますので，エッジの部分にのみ固定するようにしてください。

●**子犬のマーチ**

1拍目の表を小太鼓の縁（エッジ）に置いたタオル等をたたき，1拍目の裏は皮（ヘッド）の部分をたたくという方法です。この方法では，幼児が両手を交互に動かすスキルをもった発達段階であれば，容易に後打ちをマスターできます。発達段階に応じて，徐々に

第2章 楽器の種類と扱いについて

- リズムの理解ができるようになれば，タオル等の必要もなくなってきます。

③その他の太鼓

　最近は幼児教育や学校教育の中で，いろいろな楽器が登場してきています。ここではその一部を紹介し，その活用例を紹介します。

　　　　ジェンベ　　　　　　ボンゴ　　　　　　トゥバーノ

　ジェンベ（ジャンベ）は西アフリカを代表する太鼓です。立って演奏する場合には肩からかけたりしますが，座って演奏する場合には床に置いて，全体をやや斜めにして底の部分が開いておくようにします。幼児の場合，楽器を寝かせ，楽器に腰掛けて演奏することもあります。手でたたくほか，マレットを使用してたたくこともできます。

　ボンゴはラテン音楽によく使用される楽器です。大きさの異なる2つの片面太鼓をつなぎ合わせた形をしています。両膝の間に挟んで手でたたくのが基本ですが，スタンドを用いたり，マレットを使用したりしてたたくこともできます。

　トゥバーノは，コンガをベースに開発された楽器です。コンガを演奏するときは，楽器の底の部分を開けておくことが必要で，そのため足の上にのせたり，スタンドを用いたりします。写真のトゥバーノは，置くだけで簡単に使用できるように，最初から底の部分から音が出るように開発されています。

コラム2　ドラムサークル

　今まで紹介したジェンベやボンゴ，トゥバーノ等，さまざまな民族楽器の太鼓や，打楽器

第1部　理論編

を使用したアンサンブルに「ドラムサークル」というものがあります。最近活発になってきた，幼児や児童・生徒，上は社会人から高齢者まで幅広い年齢層の人々が楽しめる音楽活動です。アメリカのアーサー・ハルによって考案された，新しい音楽の楽しみ方だといえます。

方法は，ファシリテーターが参加者の状況を把握しながら，水先案内人の役割を果たし，参加者全員でパーカッションのアンサンブルを即興的につくり上げていきます（ファシリテートということばには，「促進する」「容易にする」「円滑にする」という意味があります。つまり，ファシリテーターとは，参加者が参加しやすい状況をつくる人ということです）。参加者が一体感を感じながら楽しい時間を共有し，人々の心の扉を開き，協調性を促進する効果があるとされています。

ドラムサークルには「まちがう」という概念がありません。どのようなハプニングも音楽の輪の中にファシリテーターが溶け込ませ，楽しさに変えていきます。つまりこの活動は，音楽の経験をまったく必要とせず，最も人間の根源的な部分を揺さぶる太鼓を単純に「たたく」という活動をとおして，新しい音楽の楽しみ方を提案しています。

問い合わせ：ドラムサークルファシリテーター協会
http://www.y-m-t.co.jp/dcfa/index.html

3．音階をつくれる打楽器

ここで紹介する楽器は，マレット（ばち）を用いて音板をたたく楽器です。そのため，マレットの扱いに関して，こどもの安全上の配慮について考えてみましょう。マレットのヘッド（丸くなった部分）は，さまざまな素材（樹脂・硬化ゴム・繊維等）でつくられています。グリップ（にぎり）の部分はだいたい木製ですが，中にはプラスチック製のものもあり，素材により強度に差があります。こどもたちは，ついグリップの部分を曲げてしまうことが少なくありません。折れたときにはすぐに交換するようにしてください。

またマレットでたたく場合は，ヘッド部分のせまい面積に，力が集中してかかってきます。そのため床や壁などをたたくとキズや凹みを生じさせるので，楽器以外はたたかないように注意して見守ってください。

①スリットドラム

アフリカの民族楽器にルーツをもつこのスリットドラムは，マレットを用いてたたきます。深い響きのある魅力的な音が出ます。たたく場所によって微妙な音高の違いがあり，音階をつくることも可能です。スリットドラムの大きさと，スリットの数によって違いはあります

が，だいたい2〜6音ぐらいの音がでるようになっています。

②ザイロホーン

　　オルフ楽器（ドイツの作曲家，音楽教育家のカール・オルフ（1895－1982）によって考案・製作された楽器。高度な技術がなくても表現可能であることが前提に作られている）であるザイロホーンは，こどもの発達によっていろいろと使いわけのできる木製の楽器です。特徴的なのは，音板を取り外すことができ，こどもの演奏にとって必要のない音を始めから取っておくことが可能なところです。

　構造は，木製の箱形の胴体の部分が振動・共鳴するようになっていて，その上に，音源となる音板がのせられています。

　クロマチック音（半音）として，ピアノの黒鍵にあたる部分も用意されており，組み合わせによっては，縦型木琴と同じようにセットアップすることも可能です。

③メタルホーン

　　メタルホーンもザイロホーンと同様の構造をもったオルフ楽器です。違いは，音板の部分が金属でできており，包み込むような柔らかな金属の音色をもっていることです。

　　クロマチック音として，ピアノの黒鍵にあたる部分も用意されており，組み合わせによっては，鉄琴と同じようにセットアップすることができます。

④サウンドブロック

　　サウンドブロックは，1つひとつの音がブロック状になっており，1つを持ってたたいたり，いくつかの音を組み合わせて和音にしたりと，いろいろな楽しみ方・演奏の仕方ができます。音板は金属製ですが，鉄琴やグロッケンのようなキンキンした音ではなく，柔らかい音が特徴です。

　　複数のこどもで，それぞれが特定の音を担当して1曲を仕上げるという方法もあります。またケースにセットしたまま，卓上木琴のように使用することもできます。活動の内容に合わせて，自由に組み合わせが考えられるので，幅広く使用できます。

第1部　理論編

4．その他の楽器

①ミュージックベル

通常型　　　　　　　　　卓上型

　多くの保育所や幼稚園で見られるミュージックベルは，サウンドブロックと同じように活動の内容に合わせて，自由に組み合わせが考えられるので，幅広く使用することができます。グリップを握って音を出す通常型（ハンドタイプ）のミュージックベルを使用するときには，こどもたちが，ベルの内側にある小さな玉を引っ張らないように注意してください。引っ張ると本体と小さな玉をつないでいるバネがのび切ってしまい，振っても十分な音を得られなくなってしまいます。最近のものではこの部分の改良型（バネの伸び防止機能がついたもの）が出ています。

　同じく最近登場しているミュージックベルの中には卓上型（デスクタイプ）もあります。こちらは上の部分を手で押すことによって音が出るしくみになっています。

②トーンチャイム

　ミュージックベルよりも音が深くて柔らかいこのトーンチャイムは，多くの小学校で見られるようになってきました。楽器の構造はアルミ合金でできたボディにハンマーがついており，腕を大きく前方に振ることによって，ハンマーがボディをたたいて音を出す構造になっています。音量がミュージックベルと比べて大きく，残響が長いのも特徴です。しかし金属製であることから，ある程度の重さがあり，幼児にとって「持って，振る」というのは発達

段階から見てもむずかしいかもしれません。しかし，トーンチャイムの高音部は，幼児でも使える重さと大きさです。こどもの発達段階に応じた使い分けが必要な楽器といえるでしょう。

③ウィンドチャイム

　金属の棒が長さの順に吊されており，短いほうから長いほうへ，または長いほうから短いほうへ，こするようにグリッサンド（同じ速度で音を順番に鳴らしていくこと）させて演奏します。手またはビーター（バチ）で演奏します。裏側にダンパー（衝撃吸収をする部分）がついている場合は，本体を軽く傾けることによって音を止めることができます。

　使用上の注意として，金属の棒を吊っている部分が細いプラスティックでできているため，扱い方によってはその部分が切れて棒が取れてしまう場合があるということがあげられます。この場合，取れてしまった金属の棒がなくならないように気をつけてください。テグス糸で補修することができますが，部品自体は安価なものなので，取り寄せて直すことも可能です。

写真提供：㈱鈴木楽器製作所
ヤマハミュージックトレーディング㈱

第3章

幼稚園・保育園での実践：鍵盤ハーモニカを楽しく学ぶための導入

　初めて鍵盤ハーモニカを扱う幼児にとっては，鍵盤ハーモニカは音の出るおもちゃでしかありません。この段階から，「大切に扱うべきものであること」「正しく扱えば，音楽の楽しさが味わえるものであること」を無理なく指導していかなくてはなりません。ふたを開けるところから，音楽を奏でる喜びに出会うまで，根気強く，幼児とともに楽しみながら指導していきましょう。初回の導入では，「鍵盤ハーモニカ」の名前の由来，クラスで使用する鍵盤ハーモニカの全機種の商品名の紹介と名前の意味を話してあげるとより興味が高まり，大切に扱うという意識も養われるでしょう。先生の模範演奏（範奏）もどんどん聴かせてあげましょう。幼児が好きな歌を吹いていっしょに歌わせたり，指導段階に応じてふさわしい曲を吹いてあげると断然意欲が湧いてくるでしょう。ここでは，これらの意識をふまえたうえでの具体的な指導方法を記しています。

１．鍵盤ハーモニカの準備と手入れ

①ふたを開ける（まずは正しく机に置いて）

　「鍵盤ハーモニカのケースを見てごらんなさい。マークがある面を上にして，取っ手を自分のほうに向けて机の上にきちんと置きましょう」（使用機種の特徴を利用してわかりやすく指導してください）。

　裏にしたままケースを開けると，鍵盤が下向きになってしまいます。また，ケースを手で持ったまま不用意に開けると，中の楽器が落下してしまうなど，最初の段階でクラス全体の落ち着きがなくなってしまいます。必ず全員がきちんとケースを机に置いた状態を確認してからふたを開けさせます。

　「それでは，ケースを机に置いたまま，そーっとふたを開けてみましょう。きちんと**鍵盤**（「お指で弾くところ」でもよい）が自分のほうに向いていますか？」（正しく開けても，しまい方が違っていて鍵盤が下向きになっている場合もあるので要確認）。

②ホースを取りつける

　ホースの取りつけ方は，機種によって異なります。大きく２つに分類すると，ヤマハのピアニカとそれ以外になります。

○ヤマハ「ピアニカ」の場合：「ふたからホースを取りはずします。四角いところが吹くところ，丸いところが鍵盤につけるところです。鍵盤の左側を見ると，丸い穴がありますね？　まずは先生がやってみるので見ててください。丸いところを左手で持って，上からまっすぐに降ろしてきて，穴に差します（写真左）。穴に差したら，そのままギュ〜ッと力を入れながら，自分のほうにくるっと倒してあげます『ホースさん，こんにちは』（写真右）」（取りはずしは，手順を逆にして，ホースをくるっと上に上げるとはずれます）。

○他社の機種の場合：ホースを丸い穴にギュッと差し込むだけで OK です。

　いずれの機種にせよ，正しくホースが装着されていないと，学習中に抜けてしまうことがありますので，よく確認してください。

ホースのつけ方1　　　　　　　　ホースのつけ方2

③用意の形

　指導するうえで，幼児がきちんと話を聞いて実践することはとても大切です。話の間や，範奏中に音を出したりしないように，「吹いていないときの形」を身につけさせましょう。

　「はい，ホースがじょうずにつけられた人は，先生のまねをしまーす。ホースの形をよーく見てやってごらん」。

　幼児の扱う機種や「用意の形」を統一することで，クラス全体に同じ指導ができ，効率よく授業を進めることができます。

　「吹いていないとき，お話をしているときは，必ずこの「用意の形」にしましょう」。

第1部　理論編

よく使われる「用意の形」2種

左側:「ぞうさんの形」としてよく使われています。
・ホースがかけやすい
・吹き口が見えないため, 音が出せない
という利点がありますが,
・新しいホースははね返りが強くうまくかからない
・長いホースでは, 吹き口が机に届いてしまい, 不衛生
というマイナス面もあります。

右側:「へびさんの形」。ホースが動きません。
・安定感があり, きちっとした印象
・吹き口がどこにも触れる心配がないため衛生的
という利点がありますが,
・かけ方を覚えさせるのに時間がかかる
・首をのばして吹きたくなる
というマイナス面もあります。

④楽器の手入れ（しまい方）

「お口で吹いたところをハンカチできれいに拭きます。次にホースをはずします。丸いところもぬれている人がいたら, そこもハンカチできれいに拭きます。ホースをケースのおうちに丸いところ（鍵盤につけた部分）から順に戻してあげましょう。最後にハンカチで鍵盤のお顔（指で弾いたところ）も拭いてあげます。じょうずにできた人はふたを閉めましょう」。

取り扱い説明書にあるように, ボタンを押しながら水滴を除去することも大切ですが, たいして吹いていないときにやらせると, そのほうがかえって水滴を発生させたり, 強い息を入れるため, だ液が入ったりすることもあります。ホース内にだ液がたまりやすい幼児には, 衛生上個別に対応してあげましょう。ホースは時々水洗いし, よく乾かして, 清潔に管理します。

2. 鍵盤のしくみ

いろいろな擬音で遊びながら鍵盤のしくみを学びます。

①白鍵を使って, 鍵盤楽器の低音～高音の並び方を知る
　○魔法の音：息を吹き込みながら白鍵の1番左側から1番右側まで, 右手の手のひらを上にして4本指で一気に滑らせます。

第3章　幼稚園・保育園での実践：鍵盤ハーモニカを楽しく学ぶための導入

○魔法を解く音：今度は白鍵の右から左へ，右手の手のひらを下にして，一気に滑らせます。

★ポイント
「鍵盤の右側と左側，どちらが高い音でどちらが低い音でしたか？　そう，右側が高い音，左側が低い音でしたね。ピアノやオルガン，鍵盤楽器の仲間はみんなこんなふうに並んでいます」

◆注意：幼児〜7歳くらいまでのこどもは，高い音，低い音という意味がわからず，音の大小の表現と勘違いすることがあります。「魔法の音」を実践する前に，高音，低音の概念を学習しておきましょう。

●高い音，低い音ってどんな音??

↑高い音　　ピーチクパーチク　　リンリーンリンリーン　　ビビビ…

↓低い音　　モ〜ッ　　ゴロゴロ　　ゴーン

こどもたちが音の高低を理解できたら，鍵盤を指示するのに右や左という言い方を使わず，高い，低いで表わします。　例）高いほうの「ド」，低いほうの「ミ」等

第1部　理論編

②黒鍵の並び方を知る

「白い鍵盤の向こうには黒いお山がたくさんありますね？」
→ ここはいくつ並んでいますか？
　　　　　　そう。2つのお山。
→ ここはいくつ並んでいますか？
　　　　　　そう。3つのお山。

★ポイント
「黒い鍵盤は，2つのお山と3つのお山がかわりばんこに並んでいますね」

○車の音（クラクション）：右手をチョキにして，1番高い音が出るほうの2つの黒鍵をたたく。
　例）
　　　プッ　プー　　プッ　プー

○大きい車（バス・トラック）の音：同様に，1番低い音が出るほうの2つの黒鍵をたたく。
○救急車の音：1番高い音が出る3つの黒鍵の両端を交互にたたく。

★ポイント
範奏の際には ＜　　＞ の効果を活かすとよい。

◆注意：黒鍵の並び方を正しく理解して初めて，ドレミの位置が認識できるようになります。むやみに鍵盤にシールを貼るのではなく，鍵盤の位置を覚えて，他の鍵盤楽器への応用力も養っていきましょう。

3．ドレミにチャレンジ

　大きな鍵盤の視覚教材は，2．鍵盤のしくみの内容やドレミ〜の位置確認，演奏指導まで，幅広く活用できます。

第 3 章　幼稚園・保育園での実践：鍵盤ハーモニカを楽しく学ぶための導入

大きな鍵盤の視覚教材

この教材には，「どんぐりさんのおうち」の歌に即した絵をのせています。ホワイトボードや黒板に教材を貼り，「どんぐりさん」と「そらまめさん」の裏面にマグネットシートを貼れば，自由に動かせ，鍵盤の位置を確認することができます。

① 「ド」の位置

　「車の音や救急車の音で，鍵盤の並び方がよくわかりましたね。次はいよいよ，音楽のことば，「ドレミ」にチャレンジします。今日は先生のお友だち，「どんぐりさん」を連れてきましたよ。このどんぐりさんは，どこに住んでいるかというと，なんと！「ドレミ」の「ド」のおうちに住んでいるんです」（→「どんぐりさんのおうち」の１番を歌う）。

　「（お山の絵を指しながら）２つのお山の左側がどんぐりさんのおうちなんですって‼　では，この鍵盤の中で，どんぐりさんのおうちはどこにあるかわかりますか？」（手のあがった幼児に，どんぐりさんを鍵盤の上に貼ってもらう）。

●どんぐりさんのおうち

久野　静夫　作詞
市川　都志春　作曲

1 どん ぐり さん の　おう ち　　どこ で しょ う
2 そら まめ さん の　おう ち　　どこ で しょ う

ふたつ の　おやま の　ひだり が　わ
みっつ の　おやま に　きき ましょ う

② 「ソ」の位置

　「どんぐりさんには仲のよいお友だち，「そらまめさん」がいます。そらまめさんのおうちは，ドレミファソの「ソ」なんですって。（絵を指しながら）そらまめさんのおうちは，３つ

第1部　理論編

のお山のところにあるみたいだけど，むずかしそうですね」（→2番を歌う。絵をたよりに「ソ」の位置にそらまめさんを貼ってもらう）。

③ドレミファソの弾き方

「そらまめさんのおうちはとってもむずかしかったですね。でも大丈夫。どんぐりさんがね，道に迷わずにそらまめさんのおうちに行く方法を教えてくれましたよ。さあ，みんなのお指でお散歩に出かけましょう！」。

　1）指番号を覚える

右手の親指から順に，1・2・3・4・5。

★ポイント
　先生が自分の指を示して「これは何の指ですか？」と当てさせたり，「2の指を出してごらんなさい」などの問いかけを用いて，楽しく覚えさせます。

　2）手の形を覚える

「右手でグーの形をつくります。そのグーを，低い音がするほうの，2つのお山の左側にあるどんぐりさんのおうちのところにやさしく置いてみましょう。グーを置いたら，そーっと手を広げて，猫さんのおてての形にします」。

理想的な手の形（猫さんのおてて）
ドの位置は，鍵盤の左側にあるので，少し楽器を右にずらして置くと弾きやすい。

　3）指の使い方

「猫さんのおててができたら，1のお指をどんぐりさんの「ド」の上に，2のお指をおとなりの鍵盤の上に，3のお指をまたそのおとなりの鍵盤の上に…1歩ずつ歩いていくとこん

第3章　幼稚園・保育園での実践：鍵盤ハーモニカを楽しく学ぶための導入

なふうになります」（範奏：「ドレミファソ」）。
　「1のお指から始まって，最後の5のお指が着いたところは？　そう，そらまめさんのおうち，「ソ」の音でした」。
　　4）ドレミの実践
　「それではみんなでいっしょにそらまめさんのおうちをめざして出発しましょう。ゆっくりゆっくり歩きますよ。途中で戻ったりするので，先生の指す鍵盤を見ながらいっしょにお指で歩きましょう」。
　このとき，先生の楽器，もしくは視覚教材の鍵盤を指し示しながら弾かせます。
　　「1のお指でジャンプジャンプ」　　ド・ド・ドー　ド・ド・ドー
　　「1と2のお指だけを使って」　　　ドレドー　ドレドー
　　「次は3のお指も使いますよ」　　　ドレミー　ドレミー
　…このように，少しずつ，指の使い方に慣れさせていきます。先生は「ドレミ」をしっかり歌いながらリードしていきましょう。

4．タンギング

　同じ音を連打する際，「お指でジャンプ」（連打），「トゥートゥートゥー」（タンギング）の2つの方法があります。鍵盤ハーモニカをどのように用いていきたいか，構成を立てながら必要に応じて指導していきましょう。
　「鍵盤ハーモニカってね，実はすごいことができるんですよ！　最初に吹いた「車の音」を覚えていますか？　2本のお指で2つのお山をたたいて音を出しましたね？　先生のお指を見ていてください」（指でたたいて吹く。次にタンギングで吹く）。
　「お指が動いてないときも「車の音」が元気に鳴っていましたね？　どうやって吹いたと思う？　…そう，息を使う？　それだけではなくて，「舌」も使うんですよ。みんなは英語で「1」のことをなんて言うか知っていますか？　…そう，「One」ですね。「2」は？　そう，「two」ですね（ツーと発音する幼児しかいない場合は，1・2・3まで英語の発音を練習しながら，注意深く舌を使う意識を高めましょう）。このtwoと言うときの言い方を使って吹くんです。まずは言い方を練習しましょう」（先生のあとについてこどもたちが練習する）。
　①トゥー　トゥー　トゥー
　②トゥー　トゥトゥトゥー
　③トゥトゥトゥトゥトゥー
「次は息だけでやってみます」（無声音で，同様に練習する）。
　「じょうずにできたら，鍵盤ハーモニカでやってみましょう。右手の1のお指で，低い音

第1部　理論編

が出るほうのどんぐりさんのおうちの「ド」の鍵盤を押さえましょう。先生の吹くとおりにやってみましょう」（発声練習と同様に練習する）。

「さあ，それではみんなのトゥートゥートゥーに合わせて，合奏をします。みんなは♩♩♩𝄽（①の形）を吹いてください。先生はみんなの音に合わせて素敵な曲を吹きますから，何の曲か考えながら吹いてください。トゥートゥートゥーをずーっとくり返してみましょう。1・2・3・はい!!」。

軌道に乗ったところで，「ぶんぶんぶん（ヘ長調）」を重ねて吹いてみましょう。

●ぶんぶんぶん（ヘ長調）

「どんな歌が聞こえてきましたか？　…そう，ぶんぶんぶんですね？」。

単音で単純なリズムのくり返しでも楽しくアンサンブルすることができます。②③のリズムパターンでもやってみましょう。

> ●単音のタンギング練習とアンサンブルをするために〜選曲の工夫〜
>
> 「ド」の音でタンギングをさせる場合，ヘ長調でドの音を含む，Ⅰの和音（F）とⅤの和音（CまたはC₇）（第2部第1章2．⑤，p.65参照）のみで構成された曲を使用します（他の音の場合も同様に，その音が，第Ⅴ音に相当する調の曲で，Ⅰ，Ⅴの和音のみで構成された曲を選びます）。
>
> 参考曲（Ⅰ，Ⅴの和音のみで構成）：ふしぎなポケット，10人のインディアン

5．メロディーの実践

ピアノレッスン等，個人的に音楽教育を受けている幼児とそうでない幼児とでは，メロディー実践に入る段階ですでに大きな差があります。経験の差に関係なく，一人ひとりが楽し

第3章　幼稚園・保育園での実践：鍵盤ハーモニカを楽しく学ぶための導入

く参加できる指導を心がけましょう。音が単純でも，知らない曲やメロディー以外のパートでは，幼児にとってはむずかしいレッスンになってしまいます。幼児がよく知っている曲の簡単なところ（1の指を含む，順次進行の部分）を弾かせると効果的です。

　また，演奏は，「ドレミファソ」を1・2・3・4・5の指で正しく弾くことを基本とします。指使いをしっかりと練習させてから，演奏に入りましょう。

　はじめてのメロディーの実践では，「チューリップ」の曲の中で，弾ける場所を，①〜④へと拡げていくことをめざします。初めての幼児には①だけ，弾ける幼児には①〜④と，能力に応じてパートを決めます。⑤の部分は指使いが1〜5の指使いの範囲を越えるので，指導に注意が必要です。

●チューリップ

チューリップと平行して，「きらきらぼし」など，似たような難度の曲を練習すると飽きずに上達できます。チューリップで①，②が弾けるようになったら「きらきらぼし」の①にも挑戦しましょう。

●きらきらぼし

第4章
小学校での実践：リコーダーを楽しく学ぶための導入

　楽器の基本を正しく学ぶことはとても重要です。こどもは体で実践することをすぐに覚えてしまいますから，初歩のうちにまちがったことを実践してしまうと，そのまちがった土台のうえに新しいことを積み重ねることになり，そうなるとすぐに限界と苦手意識を感じてしまうことになります。一つひとつていねいに指導し，体験させてあげれば，むずかしいとは感じません。

　リコーダーは小3（小2）から中学・高校まで長いおつきあいになる楽器です。こどもたちには，リコーダーと仲よく楽しく歩ませてあげたいものです。

1．「楽器」としてのリコーダーに興味をもたせる

①範奏の重要性
　小学2，3年生の児童にとって，リコーダーとの出会いは新鮮なものです。リコーダーとはどんな声の持ち主で，どんな性格（扱いやすさ）なのか，興味津々です。

　もしここで，好き勝手に吹かせてしまえば，「この程度のおもちゃ」という漠然とした結論をこどもたちの中に生じさせかねません。逆に，すばらしい演奏を聴かせれば，「素敵な楽器」であることがわかり，学習意欲が湧いてくるのです。先生であっても，プロのような音は出せないかもしれません。しかしあきらめずに，児童が喜ぶ曲のレパートリーを練習しておきましょう。大好きな先生の演奏はたとえ拙いものであっても児童にとっては好感のもてる目標となるのです。もし可能なら，プロの指導者（リコーダー購入時に楽器店に相談すると紹介してくれます）を招き，ソプラノだけでなく，いろいろな大きさのリコーダーを目と耳で体験させることをおすすめします。

　「リコーダーってどういう意味か知っていますか？　「鳥のように歌う」という，古い英語のことばからこの名前がつけられています。こんな素敵な音がしますよ」（→範奏）。

②リコーダーを扱ううえでの注意
　児童はケースに入っているすべてのものに興味をもち，使おうとします。しかし中には，この段階ではまったく使用する必要のないものもあり，これらには注意が必要です。
　〇リコーダークリーム：音程調整のため，ジョイントに塗るものですが，あらかじめ塗っ

てあるうえ，初歩ではチューニングをすることもありませんから，あえて塗る必要はありません。余計に塗ると，演奏中足部管が抜け落ちたり，管の内部に汚れが付着したりと，楽器にとってよいことがないため，ケースから出して保管しておくことをおすすめします。

○掃除棒：細く切ったガーゼを先に絡めて，内部を引っかき回す姿をよく目にしますが，内部に付着する水滴は「つば（だ液）」ではなく，外気との温度差による結露ですから，内部を汚すことはありません。むしろガーゼの繊維が付着することが「汚れ」につながります。むやみに管体に差し込んで遊んでしまうと，内部に傷をつけてしまいますから，この「棒」もケース外で保管しておきます。

○指かけ（サムストラップ）：右手の親指で，リコーダーを支えやすいように取りつける補助器具です。「ソ」より下の音（右手の指を使う音）を教えるときに，必要な児童を見分けて，正しい位置につけてあげましょう。一般的には，右手の人差し指と中指の間のちょうど裏側に取りつけます。

（図：各部の名称 — 歌口，窓，ウインドウェイ，頭部管，ジョイント，トーンホール（指でふさぐ穴全部），中部管，ジョイント，足部管，ベル）

③楽器の手入れ（しまい方）

吹き終わったら，歌口から窓にいたる空気の通り道（ウインドウェイ）にたまった水滴を除去します。ハンカチを窓にしっかりと当て，歌口から瞬間的に強い息を吹き込みます。そして，口でくわえた部分をきれいに拭きます。ほかにもトーンホールやベルから水滴が出ていたら拭き取りましょう。使用後の掃除はこの程度で十分です。

○丸洗いについて：ABS樹脂という素材は，多少の水分では何の影響もありませんが，水やお湯で丸洗いすると，ジョイントが合わなくなったり，音が変わったりすることがありますのでおすすめできません。

2．正しい息・正しい持ち方（姿勢）

①息の出し方

「みなさんは，ふだんの生活の中で，いろいろな「息」を使い分けているんですよ。熱いラーメンを食べるときはどんな息ですか？」（「フー」と冷ますまねをさせる）。

「では，手が冷たいときはどうしますか？」（「ハー」と温めるまねをさせる）。

「このように，同じお口から冷たい息と温い息が出せるんですね。では，リコーダーを吹くときには冷たい息と温い息のどちらを使うと思いますか？」（たいていの場合，90％以上の児童が「冷たい息」と答えます）。

「正解は温い息です。手を温めるときの「ハー」という息は，体の中から喉が太く開いたところをゆっくり通って出てきます。この息を使います。ただ，リコーダーの歌口は小さいので，「ハー」では吹けませんね？　今度はむずかしいことにチャレンジします。手を口の前にかざして，小さいお口で，温い息を出してみましょう。…これがリコーダーを吹く息です」。

②持ち方・姿勢

「それではこの息を使ってリコーダーを吹いてみましょう」。

○立って吹く場合：「軽く足を開いて，前のほうに体重を乗せます。お尻はうしろ，胸はしっかり起こします」。

○座って吹く場合：「イスをうしろの机に当たるくらいしっかりと下げ（これはベルが自分の机に当たらないようにするためです），両足のかかとが床にしっかりつく程度に深く座ります。背中をまっすぐにのばして肩の力を抜きましょう。この姿勢で笑うとお腹が動きませんか？」。

○笑わせてみる：「この呼吸を腹式呼吸といいます。リラックスしているときは自然に腹式呼吸をしています。リラックスして（力を抜いて）吹きましょう」。

「今からドレミファソラシドの「シ」の音を吹きます。左手でオッケーの形をつくりましょう。リコーダーの背中を自分のほうに向けて右手で持ちます。そして左手の人差し指と親指の輪を上からリコーダーに通していって，最初に見つけた穴を，この２つの指でしっかりふさぎます。これが「シ」の音です。右手はリコーダーの一番下の部分（足部管）の穴のないところを軽く持って支えます」。

「リコーダーの角度はこれくらいです（先生が模範となって見せる）。カタカナの「ト」をイメージしてみましょう。脇に腕がついている人は軽く肘を上げましょう」。

「それでは先生のほうをよく見てください。「シ」の音を吹いてみますから，くわえ方，息の出し方をよーく注意して，まねをしてみてください」。

「飛行機雲のような，気持ちよくまっすぐに伸びる音が出ましたね。それではみんなで吹いてみましょう。さん・はい」（フーとやさしくまっすぐに吹く）。

始めたばかりの児童は，やる気が旺盛で，どうしても息の量が多くなってしまいます。よい音と，強すぎて耳障りな音との区別も自分で吹いているとわかりにくいようです。強い息で吹きたい気持ちを押さえながら吹くことは児童にとってストレスに感じる部分ですが，やさしく美しい音が出たらすぐに評価してあげることをくり返しながら「よい音」を覚えさせましょう。音の出だしが強すぎていないか，まっすぐな音が出ているかをチェックし，うまく吹けていないときの要因について，これまで用いてきたことば（「温い息ですよ」「体の力を抜いて」など）を使って指導していきます。

3．タンギング－新しい音（指使い）へ－

①タンギング練習

「やさしくてまっすぐな，美しい「シ」の音が吹けるようになりましたね？ これまで「フー」という息で吹いてきましたが，「フー」の息で曲を吹くとこうなってしまいます」（最初に正しく範奏した曲と同じ曲を，タンギングせずに吹いて聴かせる）。

「音の切れ目がはっきりしなくて，だらしなく聞こえましたね。ではもう一度」（ここではタンギングをした正しい奏法で範奏します）。「曲が生き生きしましたね。音をはっきり吹くためには舌を使います。「タンギング」という方法です」。

ここからは第3章の鍵盤ハーモニカの4．で紹介した，タンギングの導入例（p.47）を参考にしてください。英語の「2」two（トゥー）の発声練習，無声音の練習，「シ」の音での実践から，その上にメロディーを重ねた合奏まで同じ流れです。鍵盤ハーモニカを習った1年生のころとは違い，こどもたちは楽譜にも慣れてきているので，下記のような視覚教材を用意すると効果的です。

●タンギング

③④のリズムでは，♫の部分が「トゥットゥッ」とはねた感じになりやすいのですが，音のイメージ図（音符下）を示しながら，音と音の間に隙間ができないように注意し，範奏を交えながら，「トゥートゥー」とスムーズにタンギングができるように練習を重ねます。

じょうずにできるようになったら，タンギングのリズムパターンを使って，合奏をしてみましょう。鍵盤ハーモニカでは，幼児にとって一番わかりやすい「ド」の音を吹きましたが，リコーダーでは「シ」を最初に教えるので，合奏する曲はホ長調になります（第3章4．の「●単音のタンギング練習とアンサンブルをするために」p.48参照）。先生のメロディーは，児童と同じソプラノリコーダーでは音量が小さく，聞こえにくいので，アルトリコーダーを使用します。アルトリコーダーなら，吹いていても動きながら児童のようすをうかがうことができ，また，アンサンブルの音がとても美しく響きます。

ホ長調で吹くのがむずかしい場合は，鍵盤楽器で弾いてもよいでしょう。

②合奏の仕方

児童を3つのグループ（A・B・C）に分け，Aのグループにはタンギング②，Bのグループにはタンギング③，Cのグループにはタンギング④を吹くことを指示し，A→B→C→A…と，順番に吹きつなげていきます。第3章の4．で紹介した要領で，軌道に乗ってきたら先生のメロディーを重ねます。

●ぶんぶんぶん（ホ長調）

[楽譜：児童パート（タンギング②③④②）と先生/AR パート（I(E)、V(B7)等のコード付き）]

1曲終えたら，各グループのタンギングパターンを変えて，他の曲で吹くなど，さまざまに工夫できます（参考曲 p.48 参照）。

③新しい音にチャレンジ

「シ」の音だけではものたりなくなってきたら，「ラ」の音にもチャレンジしましょう。「指先でトーンホールをふさぐ」という動作は，初めての児童にとってたやすいことではありません。いきなり吹かせるのではなく，指の動かし方から練習しましょう。

「シの穴のひとつ下にある穴を，「シ」の指のままで中指でさわってみましょう。先生のまねをしてみてください（「シ」の指のままで，中指で「ラ」のトーンホールを軽くたたく）。トントントン♩，トントントン♩，…。今トントンした穴をしっかり押さえて吹くと「ラ」の音が出ます。タンギング①の形でみんなで吹いてみます。温い息で，飛行機雲をイメージしながら吹いてみましょう」。

ラの音を覚えたら，②～④のタンギングパターンも練習しましょう（合奏する場合には，ニ長調になります。p.48 参照）。

次に「シ」と「ラ」を交えたタンギングを練習します。タンギング②～④を先生のあとについて練習した要領で，次のようなパターンにチャレンジしてみましょう。

[楽譜：シとラを使った練習パターン]

慣れてきたら…

[楽譜：続きの練習パターン]

「シ」と「ラ」がスムーズに吹けるようになったらこんなアンサンブルはいかがでしょうか。

第4章　小学校での実践：リコーダーを楽しく学ぶための導入

●はしの上で

新しい音を教えるときも，「ラ」のときと同様に指導します。以下の順序を確認しながら教えましょう。

①トーンホールの確認（押さえ方）
②指の動かし方の練習
③きれいな音で，まっすぐ音をのばして吹く練習（リコーダーは，低い音になるほど「やさしい息」を意識しなければなりません。その音にあった息を体感させましょう）
④タンギング（低い音は，tu（トゥー）より du（ドゥー）のほうが適しています。新しい音とともに，タンギングの種類も学びましょう）
⑤これまでに習った音を交えてのタンギングや短いフレーズの練習
⑥曲（アンサンブル等）の練習

この要領で，「ソ」まで習ったら，次の曲を練習してみましょう。

●月夜

④楽しく学ぶための工夫

指使いを楽しく覚えるためにこんな工夫はいかがでしょう。
先生は黒板に大きなリコーダーの絵と，その絵のトーンホールの穴と同じ大きさに切った

第1部　理論編

　マグネットシートを用意します（5線上の音符となる小さな丸いマグネットシートも必要です。♯や♭もあれば，全学年で使用できます）。
　指でふさぐトーンホールにマグネットシートを貼り，上の5線に音を表示すればとてもわかりやすく指使いを学ぶことができます。同じ図をプリントしてあげれば，色を塗って各自で指使いを覚えることもできます。「オクターブ上の音」に備えて，マグネットシートの半分を，リコーダーの絵を描いた紙と同じ色にして，ハーフホール（サミング）のマグネットシートもつくっておきましょう。

新しい音の指使い

□◆□

第2部

実践編

第1章 コードネームと簡単なこどもの歌の弾き歌い

1．簡単な伴奏での「弾き歌い」

　シンガーソングライターのように，楽器を弾きながら歌えるって素敵です。保育では，こどもたちの歌をピアノ伴奏で支えながら，みずからも歌ってリードをとっていくのが，この弾き歌いです。弾き歌いは，「歌う」「弾く」，そして「こどもたちを見ながら」，と複数の動作をいっしょに行なわなければならないので，慣れるまでちょっとむずかしいかもしれません。

　ここでは，簡単な1つの音を押さえての単音伴奏から，弾き歌いにチャレンジしましょう。

1．メリーさんのひつじ

高田 三九三　作詞
アメリカ民謡

1.メリーさんの ひつじ メエメエ ひつじ
　メリーさんの ひつじ まっしろね
2.どこでも ついてく メエメエ ついてく
　どこでも ついてく かわいいわ

第1章　コードネームと簡単なこどもの歌の弾き歌い

2．ぶんぶんぶん

村野　四郎　作詞
ボヘミア民謡

1.2.ぶん　ぶん　ぶん　はちがとぶ

1.おいけの　まわりに　のばらが　さいたよ
2.あさつゆ　きらきら　のばらが　ゆれるよ

ぶん　ぶん　ぶん　はちがとぶ

3．ロンドン橋

高田　三九三　作詞
イギリス民謡

ロンドンばしが　おちる　おちる　おちる

ロンドンばしが　おちる　さあ　どう　しましょう

4．ジングルベル

作詞者不明
ピアポント 作曲

第1章 コードネームと簡単なこどもの歌の弾き歌い

5．どんぐりころころ

青木　存義　作詞
梁田　貞　作曲

1.どんぐりころころ　どんぶりこ　おいけにはまって　さあたいへん
2.どんぐりころころ　よろこんで　しばらくいっしょに　あそんだが

どじょうがでてきて　こんにちは　ぼっちゃんいっしょに　あそびましょう
やっぱりおやまが　こいしいと　ないてはどじょうを　こまらせた

6．大きな栗の木の下で

作詞者不明
外　国　曲

おおきなくりの　きのしたで　あなたとわたし

なかよく　あそびましょう　おおきなくりの　きのしたで

2. コードネームとは

　和音を使った伴奏に入る前に，コードネームについて学びましょう。
　コードネームとは，和音の略記法のことで，たとえば「C」で「ドミソ」，「F」で「ファラド」の和音を表わします。主としてジャズやポピュラーの世界でよく使われますが，こどもの歌の伴奏をする際や，伴奏の表記法としても覚えておくとたいへん便利なものです。ここでは，伴奏でよく使われる三和音と，属七の和音を中心に説明しましょう。

①三和音

　三和音とは，3つの音を3度の音程間隔で積み重ねたものです。1番下の音から順に「根音」「第3音」「第5音」といいます。

●三和音

　三和音には，「長三和音」「短三和音」「増三和音」「減三和音」の4種類があります。コードネームは，和音の土台となる根音を，英語音名大文字（ド＝C，レ＝D，ミ＝E，ファ＝F，ソ＝G，ラ＝A，シ＝B）で表わし，その後ろに三和音の種類を示す小文字をつけます。

●ハ長調の音階上にできる和音（コード）

長　短　短　長　長　短　減
C　Dm　Em　F　G　Am　Bm^5

長：長三和音
短：短三和音
減：減三和音

②長3度と短3度

　音程とは，2つの音の高さの隔たりのことで，ドからレで2度，ドからソで5度，1オクターブで8度というように，「度」をつけて表わします。コードネームの音程構造に頻繁に出てくる3度音程には，「長3度」という幅の広い3度音程と，「短3度」という幅のせまい3度音程があります。長3度と短3度の違いですが，半音が4つ含まれているものを長3度といい，半音が3つ含まれているものを短3度といいます。

●長3度

●短3度

③三和音のコードネーム

　三和音の種類は,「根音―第3音」と「第3音―第5音」の音程の組み合わせが,それぞれ長3度か短3度かによって,「長三和音」「短三和音」「増三和音」「減三和音」の4種類に分けられます。次に,三和音のコードネームとその音程構造と,響きの特徴を述べましょう。

　1）長三和音：メジャー　コード

　明るく安定した響きをもち,長調の曲で多く使われます。音程構造は,根音―第3音が長3度,第3音―第5音が短3度です。コードの表記は,根音の英語音名を大文字で書き「C」とします。読み方は「シーメジャー」または「シー」。

●長三和音

　2）短三和音：マイナー　コード

　寂しく,もの悲しい響きをもち,短調の曲で多く使われます。音程の構造は,根音―第3音が短3度,第3音―第5音が長3度です。コードの表記は,根音の英語音名を大文字で表わし,マイナーを示す小文字のmを右下に添え「Cm」とします。読み方は「シーマイナー」。

●短三和音

3）増三和音：オーギュメント　コード

不安定な響きをもちます。クエスチョンマークを連想する場面や，困った顔などの効果音としても使える和音です。音程構造は，根音―第3音が長3度，第3音―第5音も長3度です。コードの表記は，根音の英語音名を大文字で表わし，小文字 aug を右下に添え「Caug」とします。読み方は，「シーオーギュメント」。

●増三和音　Caug
長3度
長3度

4）減三和音：マイナーマイナスファイブ　コード

緊張感の高い，悲劇的な響きをもちます。たとえば，サスペンスドラマで犯人を突き止めたとき，衝撃的な事実が判明した場面などでよく使われている和音です。音程構造は，根音―第3音が短3度，第3音―第5音も短3度です。減三和音は，短三和音（マイナーコード）の第5音を，半音下げてできる和音なので，マイナーコードの表記に，第5音を半音下げることを意味する－5を右肩に添え「Cm^{-5}」とします。読み方は「シーマイナーマイナスファイブ」。

●減三和音　Cm^{-5}
短3度
短3度

④属七の和音：セブンス　コード

属七の和音は，七の和音（三和音の上に根音から数えて第7音を重ねたもの）の一つで，曲の終わりでよく使われます。属七の和音構造は，調の属和音（ハ長調の場合はGソシレ）に，さらに短3度上の音（ファ）を重ねた和音なので，「G_7」と表記します。読み方は「ジーセブンス」。

●属七の和音　G_7
短3度
短3度 ｝G
長3度

⑤和音（コード）の転回形

　和音（コード）には，基本形と転回形があります。たとえば，ドミソのコードネームはCですが，和音の順序を入れ替えた，ミソドやソドミも，Cで表わします。つまり，構成音（Cではドとミとソ）が同じであれば，順序を入れ替えても和音の機能は変化しないので同じコードとして扱います。構成音が同じでも，どの音が最低音にあるかによって，響きが変わります。そこで，根音が最低音の場合を基本形，第3音が最低音の場合を第1転回形，第5音が最低音の場合を第2転回形といいます。

　伴奏においては，伴奏形や和音のつながり方によって，基本形だけではなく，転回形も多用します。属七の和音の転回形では，第5音がよく省略されます。

⑥ハ長調の主要三和音と属七の和音

　ハ長調の音階上に，3度音程で音を2つ重ねた和音をつくってみましょう。3つの音からなる三和音が7つできます。このうち，基本的な伴奏でよく使われるコードは，和音記号でⅠ（主和音），Ⅳ（下属和音），Ⅴ（属和音）の和音です。この三和音は，曲の中で重要な役割を担う和音なので，主要三和音といいます。

　さらに，Ⅴ（属和音）を使用する場所で，Ⅴ（属和音）の代わりに同じ機能をもつV_7（属七の和音）も頻繁に使われます。右手の旋律によって，Ⅴ（属和音）かV_7（属七の和音）の選択がなされたり，曲の終わりでは，Ⅴ（属和音）より終止感（終わりの感じ）が強いとされるV_7（属七の和音）が好まれます。

第2部 実践編

●ハ長調の音階上にできる和音（コード）

[楽譜：C(I 主和音), Dm(II), Em(III), F(IV 下属和音), G(V 属和音), Am(VI), Bm⁻⁵(VII°), G₇(V₇ 属七の和音)／主要三和音／属七の和音]

◆注意：和音の下のローマ数字は、和音の機能を表わし、I・IV・Vは長三和音、II・III・VIは短三和音、VII°は減三和音を表わします。

　主要三和音と属七の和音を、コード進行に基づいてつなげてみましょう。基本形のみで和音をつなげていく（●ハ長調のカデンツ1）と、左手の移動が大きくなり、音の響きのつながりが唐突な印象になります。そこで、実際の伴奏では、共通音がある場合はそれを保持し、共通音がない場合でもなるべく近い位置になるような転回形を用いて、和音をなめらかにつなげていきます（●ハ長調のカデンツ2）。

　このハ長調のカデンツ2（カデンツ：コード進行に基づき和音をつなげたもの）は、右手で旋律部分を弾き、左手で和音（コード）伴奏をつけるときの、左手が押さえる音となります。コードはさまざまなポジションで弾くことが可能ですが、まずは、この位置で左手の和音（コード）を押さえて伴奏しましょう。

●ハ長調のカデンツ1
（基本形のみで連結）

[楽譜：C F C G G₇ C／C: I IV I V V₇ I]

→転回形なので第5音（レ）は省略される

●ハ長調のカデンツ2

[楽譜：C F C G G₇ C／C: I IV I V V₇ I]

このカデンツでハ長調のコードネームと左手のポジションをつかみましょう

重要！

3．和音（コード）伴奏での「弾き歌い」

和音（コード）伴奏を，ハ長調の曲から始めましょう。

7．かえるの合唱

岡本　敏明　作詞
ドイツ民謡

※この曲は，1つの和音（コード）で弾くことができます。

第2部　実践編

1．「ちょうちょう」を，コードネームに従っておさえてみましょう。

8．ちょうちょう

野村　秋足　作詞
スペイン民謡

ちょう ちょう　ちょう ちょう　なのはに とまれ
なのは に あいたら さくらに とまれ
さくらの はなの はなから はなへ
とまれよ あそべ あそべよ とまれ

第1章　コードネームと簡単なこどもの歌の弾き歌い

2．リズムパターンを変えて，いろいろな伴奏形で弾いてみましょう。

■伴奏形の例：パターン1

■伴奏形の例：パターン2

■伴奏形の例：パターン3

第2部　実践編

■伴奏形の例：パターン4

※GとG₇の選択のポイント：メロディーがレの場合は，G₇（シファソ）を使い（☆1），メロディーがファの場合は，G（シレソ）を使い（☆2），補い合うようにするとよい。

第1章　コードネームと簡単なこどもの歌の弾き歌い

◎ハ長調の曲を，主要三和音（C・F・G）と属七の和音 G_7 を使って伴奏しよう。

●ハ長調のカデンツ

C　F　C　G　G_7　C
C：I　IV　I　V　V_7　I

9．きらきら星

武鹿　悦子　作詞
フランス曲

きら　きら　ひかる　おそらの
ほし　よ　まばたき　して　は
みんな　を　みてる　きら　きら
ひかる　おそらの　ほし　よ

■伴奏形の例

第 2 部　実践編

10. むすんでひらいて

文部省唱歌
ルソー 作曲

11. 手をたたきましょう

小林 純一 作詞
外 国 曲

1. てを ーたー たき まーしょう たん たんたん たん たんたん
2. てを ーたー たき まーしょう たん たんたん たん たんたん
3. てを ーたー たき まーしょう たん たんたん たん たんたん

1. あ しーぶ みー し まーしょう たん たんたん たん たん たん たん
2. あ しーぶ みー し まーしょう たん たんたん たん たん たん たん
3. あ しーぶ みー し まーしょう たん たんたん たん たん たん たん

1. わ らいま しょう あっ はっ はっ わ らいま しょう あっ はっ はっ
2. お こりま しょう うん うん うん お こりま しょう うん うん うん
3. な きーま しょう えん えん えん な きーま しょう えん えん えん

1. あっ はっ はっ あっ はっ はっ あ あお も し ろ い
2. うん うん うん うん うん うん あ あお も し ろ い
3. えん えん えん えん えん えん あ あお も し ろ い

■伴奏形の例

第2部 実践編

◎ヘ長調の曲を，主要三和音（F・B♭・C）と属七の和音 C₇ を使って伴奏しよう。

●ヘ長調の音階上にできる和音（コード）

●ヘ長調のカデンツ

12. チューリップ

近藤 宮子 作詞
井上 武士 作曲

さいた　さいた　チューリップの　はなが　ならんだ　ならんだ
あか　しろ　きいろ　どの　はな　みても　きれいだな

■伴奏形の例

第1章　コードネームと簡単なこどもの歌の弾き歌い

13. たなばたさま

権藤　はなよ　作詞
林　　柳波　作詞
下総　皖一　作曲

1. さ さ の は さ ら さ ら　の き ば に ゆ れ る
2. ご し き の た ん ざ く　わ た し が か い た

お ほ し さ ま き ら き ら　き ん ぎ ん す な ご
　　　　　　　　　　　　　そ ら か ら み て る

■伴奏形の例

アルペッジョ：下から音をずらして弾く

※両手を交差させて，左手を右手を越えた高い位置で弾いてもきれいです。

第2部　実践編

◎ト長調の曲を，主要三和音（G・C・D）と属七の和音 D_7 を使って伴奏しよう。

● ト長調の音階上にできる和音（コード）

● ト長調のカデンツ

14. 山の音楽家

水田　詩仙　訳詞
ドイツ民謡

わたしゃおんがくかやまのこりすじょ
うずにヴァイオリンひいてみましょう　キュキュキュッキュッキュッキュキュ
キュキュキュッキュキュキュッキュッキュッキュキュキュッキュッキュッいかーがです

■伴奏形の例

15. 線路は続くよどこまでも

佐木　敏 作詞
アメリカ民謡

1. せんろはつづくよ どこまでも
   のをこえ やまこえ たにこえて
   はるかなまちまで ぼくたちの
   たのしいたびの ゆめ つないでる

2. せんろはうたうよ いつまでも
   きしゃのひびきを おいかけて
   リズムにあわせて ぼくたちも
   たのしいたびの うた うたおうよ

■伴奏形の例

第2部 実践編

◎ニ長調の曲を，主要三和音（D・G・A）と属七の和音 A_7 を使って伴奏しよう。

●ニ長調の音階上にできる和音（コード）

●ニ長調のカデンツ

16. こぶたぬきつねこ

山本 直純 作詞・作曲

■伴奏形の例

第2章 ポイントに沿って実際に弾いてみよう

1. おはよう

新沢 としひこ 作詞
中川 ひろたか 作曲

第2部　実践編

第2章　ポイントに沿って実際に弾いてみよう

2．おべんとう

天野　蝶　作詞
一宮　道子　作曲

1. お　べんと
2. お　べんと

お　べんと　う　れしい　な　　おてても　きれいに
お　べんと　う　れしい　な　　なんでも　たべましょ

なりました　みんな　そろって　ご　あいさつ
よくかんで　みんな　すんだら　ご　あいさつ

※楽譜中の♪♩♪や♩♪♪のリズムは、一般的には♪♩♪や♩♪♪と演奏されることが多いです。8分音符にスタッカートをつけて演奏するとよいでしょう。「♪♩♪」と「♩♪♪」、「♩♪」と「♪♩」はどちらのリズムでも演奏できるように練習しましょう。

第2部　実践編

３．おかえりのうた

天野　蝶　作詞
一宮　道子　作曲

4．大きな古時計

保富　康午　作詞
ワーク　作曲
小林　秀雄　編曲

1.おおきなのっぽの ふるどけい おじいさんのとけい
2.おんでもしってる ふるどけい おじいさんのとけい
3.まよなかにべるが ーなった おじいさんのとけい

いーひゃくねん いつもうごいていた ごじまんのとけい
いーきれいなはなよめ やってきた そのひもうごいて
いーおわかれのときがきたのを みなにおしえたの

第2部　実践編

第 2 章　ポイントに沿って実際に弾いてみよう

5. おかあさん

田中 ナナ 作詞
中田 喜直 作曲

6. すてきなパパ

前田　恵子　作詞・作曲
越部　信義　編曲

7．うれしいひなまつり

サトウハチロー 作詞
河村 光陽 作曲

♩=69 典雅にあまり遅くなく

鍵盤から手をあげて音を切る

1. あかりを つけましょ ぼんぼり に
2. おだいり さーまと おひなさ ま
3. きーんの びょうぶに うつるひ を

おはなを あげましょ もものは な
ふたり ならんで すましが お
かすかに ゆーする はるのか ぜ

ごーにん ばやーし の
およめに いらーし た
すーこし しろーざ け

ふえたい こに
ねえさ れた また
めさ れた か

きょーうは たのしい ひなまつり
よくにた かんじょの しろい かお
あーかい おかおの うだい じん

第2章　ポイントに沿って実際に弾いてみよう

8．こいのぼり

右手のメロディーがきこえるよう意識して弾く

えほん唱歌

○がメロディー

前奏

第2部　実践編

9．とんぼのめがね

額賀　誠志　作詞
平井　康三郎　作曲

同じ音が続くときは ♪♪♪ のように弾かず ♪♪ のように1音ずつていねいに弾く

1.とんぼのめがねはみずいろめがね
2.とんぼのめがねはぴかぴかめがね
3.とんぼのめがねはあかいろめがね

2番タイをとる　3番

あーおいおそらをとんだから
おてんとさーまをみてたから
ゆうやけぐーもをとんだから

とんだかから
みてんだかから

にくっつける
ように弾く

短く切る

第2章　ポイントに沿って実際に弾いてみよう

10. ともだちになるために

新沢 としひこ　作詞
中川 ひろたか　作曲

第2部　実践編

切らずに

○印のメロディーがきこえるように弾く

第2章　ポイントに沿って実際に弾いてみよう

○印は弱拍なので弱く弾く

右の音に負けないでしっかり弾く

○印のメロディーが聞こえるように弾く

○印は弱拍なので弱く弾く

Codaへ進む

rit. だんだんゆっくり

8へ戻る

11. 世界中のこどもたちが

新沢 としひこ　作詞
中川 ひろたか　作曲

第2章　ポイントに沿って実際に弾いてみよう

第2部　実践編

12. ハッピーチルドレン

新沢　としひこ　作詞
中川　ひろたか　作曲

13. はじめの一歩

新沢 としひこ 作詞
中川 ひろたか 作曲

右手は左手の音を消さないように弾く

◯は強く弾かない

1. ちいさなとりが　　　うたっている
2. しんじることを　　　わすれちゃいけない

ぼくらーにーあさがは
かなーらずーあさは

第2章　ポイントに沿って実際に弾いてみよう

第2部　実践編

14. さよならぼくたちのほいくえん（ようちえん）

新沢 としひこ 作詞
島筒 英夫 作曲
矢田部 宏 編曲

左手の1の指の力をできるだけ抜いて弾く

右手のメロディーが消えないように左手は弱目に弾く　◯は弱目に弾く

第2部　実践編

第2章　ポイントに沿って実際に弾いてみよう

◯は弱目に弾く

前奏

タイでつながっているので弾き直さない

第2部 実践編

15. ありさんのおはなし

都築 益也 作詞
渡辺 茂 作曲

左手はスタッカートで軽く弾く

しっかり休む

1. あり さん の お は な し き い た か ね
2. あり さん の お は な し き い た か ね

手をあげて
音を切る

ちい さ な こえ だ が き こ え た よ
ない しょ の こえ だ が き こ え た よ

おい しい お かし を み つ け た よ
おお きな もも の み み つ け た

2番

第 2 章　ポイントに沿って実際に弾いてみよう

となりの　おうちの　おにわだ　よ
みんなで　なかよく　たべにこ　い

16. カレンダー・マーチ

井出 隆生 作詞
福田 和禾子 作曲
早川 史郎 編曲

あかるく はぎれよく

○は弱拍なので弱く弾く

左手はスタッカートで弾く

1. いちがつ いっぱい ゆき よ ふれ にがつ の にわ に は
2. ごがつ ごらんよ こい のぼり ろくが つ ろうか に
3. くがつ にくりの み もう あきだ じゅうが つ じゅうごや

ふくじゅそう さんがつ さむさに さよ うなら
てるてる ぼうず しちがつ しょうよ みず あそび
おつきさま じゅういちがつ じゅんびだ ふゆ が くる

しがつ にしょうがく いちねんせい カレン カレン カ
はちがつ ハアハア ああ あつい
じゅうにがつ ジングルベル クリス マス

第２章　ポイントに沿って実際に弾いてみよう

第3章 自由に弾いてみよう

編曲

1. ぞうさん

まど みちお 作詞
團 伊玖磨 作曲
多賀 洋子 編曲

2. もりのくまさん

馬場 祥弘 訳詞
アメリカ民謡
多賀 洋子 編曲

第3章　自由に弾いてみよう

第2部　実践編

編曲

3. さんぽ

中川 李枝子　作詞
久石　譲　作曲
多賀 洋子　編曲

マーチ　あかるくげんきよく

1~3. あるこう　あるこう　わたしは げんき
あるくの― だい すき　どんどん いこ う

第3章　自由に弾いてみよう

第2部　実践編

編曲

4．ふしぎなポケット

まど みちお　作詞
渡辺　茂　作曲
多賀 洋子　編曲

♩=112

1.ポ ケッ ト の　な か に は　ビス ケッ ト が　ひ と つ
2.も ひ と つ　た た く と　ビス ケッ ト は　みっ つ

ポ ケッ ト を　た た く と　ビス ケッ ト は　ふ た つ
た た い て　み る た び　ビス ケッ ト は　ふ え る

第3章　自由に弾いてみよう

第2部　実践編

編曲

5．犬のおまわりさん

佐藤　義美　作詞
大中　恩　作曲
多賀　洋子　編曲

第3章　自由に弾いてみよう

第2部　実践編

編曲

6．あわてん坊のサンタクロース

吉岡　治　作詞
小林　亜星　作曲
多賀　洋子　編曲

第3章　自由に弾いてみよう

第2部　実践編

編曲

7. バスごっこ

香山　美子　作詞
湯山　昭　作曲
多賀　洋子　編曲

第3章　自由に弾いてみよう

第2部　実践編

編曲

8. アイアイ

相田　裕美　作詞
宇野　誠一郎　作曲
多賀　洋子　編曲

右手
左手

1.2. アーイ　アイ　（アーイ　アイ）　アーイ　アイ　アーイ　アイ　おさるさーんだ
　　　　　　　　　　　　　　　　　　　　　　　　　　　　　　　おさるさーんだ

よ
ね

アーイ　アイ　（アーイ　アイ）　アーイ　アイ　（アーイ　アイ）

みなみのしまー　の
きのはのおうー　ち

アイアイ　（アイアイ）

第3章　自由に弾いてみよう

第2部　実践編

編曲

9．あめふりくまのこ

鶴見　正夫　作詞
湯山　昭　作曲
多賀　洋子　編曲

♩=108位 やさしくはなしかけるように

Ped.

dolce　　　　　　　　　　　　　mf

1. おやまに あめが ふりました
2. いたずら くまのこ かけてきて
3. なかには おさかな いないかと
4. そんなら botanical... でも まってても
5. なかなか やまない あめでした

第3章　自由に弾いてみよう

10. おはながわらった

ほとみ こうご 作詞
湯山 昭 作曲
多賀 洋子 編曲

編曲

第３章　自由に弾いてみよう

第2部　実践編

編曲

11. おもちゃのチャチャチャ

野坂　昭如　作詞
吉岡　治　補作
越部　信義　作曲
多賀　洋子　編曲

Cha Cha Cha

(楽譜)

1. そらに キラキラ おほしさま
2. なみの へいたい トテチテタ
3. とんぼ みたいな ヘリコプター
4. きょうは おもちゃの おまつりだ
5. そらに さよなら おほしさま

みんな すやすや やすんでる / ねむる ころんは / おもちゃは はこを
ラッパ と はやしの やしの木 / こんばん きは / フランス にんぎょう
ぐんと なたの したく / ジェットき うたいまし / サイレン ならせば
みんな たのひさま / こんにちは / こひつじ メエメエ
まどに おひさま / / おもちゃは かえる

注　※3番は現在あまり歌われず，1，2，4，5番のみ演奏する場合が多い

第3章　自由に弾いてみよう

間奏（4番のあと）

D.S.

Coda

右手
左手

第 2 部　実践編

`編曲`

12. とんでったバナナ

片岡　輝　作詞
櫻井　順　作曲
多賀洋子　編曲

1. バナナが いっぽん ありました あおい みなみの そらから
2. ことりが いいました たためしの おしりに コバルト ボンおちて
3. きーみは いいきか たたなしで いーのが バッシルや しーボー
4. ワーニが いっぴき ながれて みこーと ロケットや
5. ワーニと とバナなそう ボーひげ
6. おふねが ばいっそう

そらの したで しずかに こどもが ふみたおどり とりやじとにいすぎて
すのなきまはツルちょうさん おもをはりまおひ ちりもすきもちのい
すつすなボーせん もーられりとんグ とそいおのい

第３章　自由に弾いてみよう

| D7 | G | C6 |

バナナはツルンと
ババナナがツルルンと
ババナナがツルルンと
ババナナがツルルンと
ババナナはツルンと
おくちをポカンと

とんでったバナねひ
とびこんだしきたたおバ
とにげんでたバナ
とんだでた
あけてた

ナもらさナナ
はどこへに
なれちゃうのこ
まにはどにコンと
がスポ

| G7　C | C6 | Dm/G　C |

なこたきなだ
かりっんかん
たわこてたこ
いっこ
ふんやいい
いっとび

バナナンバナナン　バナァナ

Coda
| C6 | | D♯dim　C6 | Dm7/G　C |

モグモグモグモグ　たべちゃった　た　べちゃった　た　べちゃった

第2部　実践編

編曲

13. オバケなんてないさ

槇　みのり　作詞
峯　　陽　作曲
多賀　洋子　編曲

Allegretto

1. おばけなん　てな　いさ　　おばけなん　てう　そさ　　ねーほけ　たひ　とが
2. ほんとに　おば　けが　　でてきた　らどう　しよう　　れいぞうこ　にい　れて
3. だけどこ　ども　なら　　ともだち　にな　ろう　　あくしゅを　して　から
4. おばけの　とも　だち　　つれてあ　るい　たら　　そこらじゅう　のひ　とが
5. おばけの　くに　では　　おばけだら　けだ　ってさ　　そんなは　なし　きいて

みまちが　えた　のさ
かちかち　にし　ちゃおう
おやつを　たべ　ようう　　　1.~5. だけどちょっ　とだけどちょっと　ぼ　くだっ　てこわいな
びっくり　する　だろう
おふろに　はい　ろう

おばけなんてな　いさ　　おばけなんてう　そさ

132

■【執筆・選曲者一覧】（執筆順）

石橋　裕子　　編者　　　　　　　　　　　第1部第1章，第2部第2章（選曲・奏法指導）

吉津　晶子　　編者　　　　　　　　　　　第1部第2章

保科　聡子　　　　　　　　　　　　　　　第1部第3章・第4章

西海　聡子　　編者　　　　　　　　　　　第2部第1章，第2部第3章（選曲）

依田　洋子　　こども教育宝仙大学　　　　第2部第3章（編曲）
（多賀）

【編者紹介】

石橋　裕子（いしばし・ゆうこ）
　2007年　放送大学大学院文化科学研究科修了
　現　在：帝京科学大学准教授（学術修士）
　主　著：資格ガイド　保育士［資格・採用試験］（共著）　成美堂出版　2003年
　　　　　保育ライブラリ　保育内容　表現（共著）北大路書房　2005年
　　　　　保育園・幼稚園実習完全マニュアル（共編著）成美堂出版　2005年
　　　　　すぐに使える幼稚園・保育園365日の行事（共編著）成美堂出版　2006年
　　　　　1回で受かる！　保育士過去問クリア問題集　08年版（共著）成美堂出版　2008年

吉津　晶子（よしづ・まさこ）
　1993年　武蔵野音楽大学大学院音楽研究科音楽教育専攻修了
　現　在：熊本学園大学社会福祉学部准教授
　主　著：音楽療法と福祉臨床　現代のエスプリ452臨床心理福祉学　至文堂　2005年
　　　　　臨床に必要な社会福祉援助技術演習（共著）　弘文堂　2007年
　　　　　保育園・幼稚園のうた完全マニュアル（編著）　成美堂出版　2009年

西海　聡子（にしかい・さとこ）
　1993年　武蔵野音楽大学大学院音楽研究科音楽教育専攻修了
　現　在：東京家政大学准教授
　主　著：現代子育て考　もうひとつの子どものとらえ方（共著）　ほおずき書籍　1996年
　　　　　うたって楽しい手あそび指あそび120（共著）　ポプラ社　2004年
　　　　　幼稚園・保育園　実習まるわかりガイド　別冊　歌ってあそべる楽譜集（単著）ナツメ社　2009年
　　　　　教育・保育実習のデザイン―実感を伴う実習の学び（共著）　萌文書林　2010年

**新　保育者・小学校教員のための
わかりやすい音楽表現入門**

2009年4月10日　初版第1刷発行
2015年2月20日　初版第4刷発行

定価はカバーに表示
してあります。

編　著　者　　石　橋　裕　子
　　　　　　　吉　津　晶　子
　　　　　　　西　海　聡　子

発　行　所　　㈱北大路書房

〒603-8303　京都市北区紫野十二坊町12-8
電　話　（075）431-0361㈹
FAX　（075）431-9393
振　替　01050-4-2083

ⓒ2009　印刷/製本　創栄図書印刷㈱
JASRAC　出　0903265-504
検印省略　落丁・乱丁本はお取り替えいたします
ISBN978-4-7628-2674-0　Printed in Japan